O MILIONÁRIO CONSCIENTE

Joe Vitale

O MILIONÁRIO CONSCIENTE

Transforme seus Desejos em Riqueza Pessoal

Tradução
Claudia Gerpe Duarte
Eduardo Gerpe Duarte

Editora Cultrix
SÃO PAULO

Título do original: *The Awakened Millionaire*.

Copyright © 2016 Hypnotic Marketing, Inc.

Publicado mediante acordo com John Wiley & Sons, Inc.

Copyright da edição brasileira © 2019 Editora Pensamento-Cultrix Ltda.

1ª edição 2019.

Todos os direitos reservados. Nenhuma parte desta obra pode ser reproduzida ou usada de qualquer forma ou por qualquer meio, eletrônico ou mecânico, inclusive fotocópias, gravações ou sistema de armazenamento em banco de dados, sem permissão por escrito, exceto nos casos de trechos curtos citados em resenhas críticas ou artigos de revistas.

A Editora Cultrix não se responsabiliza por eventuais mudanças ocorridas nos endereços convencionais ou eletrônicos citados neste livro.

Editor: Adilson Silva Ramachandra
Gerente editorial: Roseli de S. Ferraz
Preparação de originais: Danilo Di Giorgi
Produção editorial: Indiara Faria Kayo
Editoração eletrônica: Join Bureau
Revisão: Luciana Soares da Silva

Dados Internacionais de Catalogação na Publicação (CIP)
(Câmara Brasileira do Livro, SP, Brasil)

Vitale, Joe
   O milionário consciente: transforme seus desejos em riqueza pessoal / Joe Vitale; tradução Claudia Gerpe Duarte, Eduardo Gerpe Duarte. – São Paulo: Cultrix, 2019.

   Título original: The awakened millionaire
   Bibliografia.
   ISBN 978-85-316-1508-5

   1. Realização pessoal 2. Riqueza 3. Sucesso I. Título.

19-25529   CDD-158.1

Índices para catálogo sistemático:
1. Desenvolvimento pessoal : Psicologia aplicada   158.1
Cibele Maria Dias – Bibliotecária – CRB-8/9427

Direitos de tradução para o Brasil adquiridos com exclusividade pela EDITORA PENSAMENTO-CULTRIX LTDA., que se reserva a propriedade literária desta tradução.
Rua Dr. Mário Vicente, 368 — 04270-000 — São Paulo, SP
Fone: (11) 2066-9000
http://www.editoracultrix.com.br
E-mail: atendimento@editoracultrix.com.br
Foi feito o depósito legal.

NOTA DA EDITORA SOBRE O TÍTULO DA EDIÇÃO BRASILEIRA

Joe Vitale criou um movimento chamado **Awakened Millionaire**, que dá título a este livro, um manifesto prático que o conduzirá a novas dimensões de enriquecimento e evolução espiritual e, consequentemente, à transformação global.

Como em língua portuguesa, desperto não tem a mesma conotação explícita de sua palavra correlata em inglês, nós da Editora Cultrix optamos por utilizar a palavra consciente, ao invés de desperto no título da edição brasileira, pois em nosso idioma, *O Milionário Consciente* nos dá uma ideia mais clara de como podemos ser mais conscientes com relação ao dinheiro e a forma como podemos utilizá-lo para transformar a nós mesmos e o mundo a nossa volta de forma desperta, consciente, conscienciosa, séria e responsável.

Contudo, como o termo "milionário desperto" já foi utilizado em diversas outras traduções em nosso idioma em artigos na internet e em outros livros, ao longo do texto nós decidimos manter a tradução da palavra *awakened* como desperto, para assim facilitar a busca de Joe Vitale no Brasil relacionada ao livro que o leitor agora tem em mãos quando pesquisar sobre o termo "milionário desperto" na internet.

Para você, o milionário desperto

"A sorte favorece os audaciosos."
— Virgílio

Sumário

Prometa a Si Mesmo 9
O Credo do Milionário Desperto 11
Prefácio 13
Introdução de Vishen Lakhiani 17
Agradecimentos 19
Prólogo 21

PRIMEIRA SEÇÃO: NÓS

Capítulo 1	A Verdade	27
Capítulo 2	Os Milionários Despertos	36
Capítulo 3	Um Despertar	42
Capítulo 4	O Que é Real?	50
Capítulo 5	Contraintenções	56
Capítulo 6	A Fórmula	66
Capítulo 7	O Espelho	71
Capítulo 8	A Missão	74
Capítulo 9	O Esquecido Penney	77
Capítulo 10	Cresça!	81
Capítulo 11	O Aliado Secreto Interior	89
Capítulo 12	O Único Propósito do Dinheiro	95
Capítulo 13	Esqueça as Vendas, Comece a Compartilhar	101
Capítulo 14	Quanto é o Suficiente?	107
Capítulo 15	Nunca Fracasse Novamente	111
Capítulo 16	O Ganha-ganha-ganha	115
Capítulo 17	A Grande Ideia	121

SEGUNDA SEÇÃO: VOCÊ

Capítulo 18	Quem Você Pode se Tornar	127
Capítulo 19	A Decisão	130
Capítulo 20	Dinheiro	134
Capítulo 21	Obstáculo de Ouro	138
Capítulo 22	Vazio Cheio	142
Capítulo 23	As Três Forças	145
Capítulo 24	A Alma do Dinheiro	148
Capítulo 25	Invista em Você	151
Capítulo 26	Seu Guia Interior	154
Capítulo 27	Por Onde Começar	158

Epílogo 164

SEÇÃO BÔNUS

A Prece do Milionário Desperto 169
O Manifesto da Abundância: Dez Princípios 171
Conversas com Milionários Despertos 187
Os Sete Bloqueios 199
As Borboletas e seu SAR 204
Ajude Paris: O Poder do Propósito Coletivo 207
O Processo da Quarta Dimensão: Desencadeando a Hipermanifestação da Riqueza 211
Dentro do Credo 222
Seu Próximo Passo 231
Referências 233
Bibliografia 235

Prometa a Si Mesmo

Ser tão forte a ponto de nada conseguir perturbar sua paz de espírito.

Falar sobre saúde, felicidade e prosperidade com cada pessoa que encontrar.

Fazer com que todos os seus amigos sintam que têm algo especial.

Olhar para o lado bom de todas as coisas e fazer com que seu otimismo se torne realidade.

Pensar apenas no melhor, trabalhar apenas pelo melhor e esperar apenas o melhor.

Sentir tanto entusiasmo com o sucesso dos outros quanto com o seu próprio sucesso.

Esquecer os erros do passado e avançar em direção às grandes realizações do futuro.

Exibir sempre uma expressão satisfeita e sorrir para cada criatura que encontrar.

Empenhar-se tanto no seu aperfeiçoamento pessoal que não lhe sobrará tempo para criticar os outros.

Ser digno demais para se preocupar, nobre demais para sentir raiva, forte demais para ter medo e feliz demais para se envolver em conflitos.

Pensar bem de si mesmo e proclamar esse fato para o mundo, não por meio de palavras bombásticas, e sim de grandes façanhas.

Viver com a convicção de que o mundo inteiro estará do seu lado enquanto permanecer fiel ao que há de melhor em você.

– *O Credo dos Otimistas*, escrito em 1912 por Christian D. Larson e publicado no livro *Your Forces and How to Use Them*

O Credo do Milionário Desperto

Milionários despertos são motivados, antes de qualquer coisa, por sua paixão, seu propósito e sua missão.

O milionário desperto usa o dinheiro como uma nobre ferramenta para causar impacto positivo.

O milionário desperto está sempre empoderado, acreditando completamente em si mesmo.

O milionário desperto está empenhado em crescer, melhorar, reinventar e sempre descobrir.

O milionário desperto é inabalavelmente ousado, corre riscos e não hesita.

O milionário desperto é guiado pela nobre ressonância da sua intuição.

O milionário desperto sabe que a riqueza é a totalidade de tudo que possui, não apenas dinheiro.

O milionário desperto sente uma profunda gratidão por tudo que tem e conquista.

O milionário desperto está permanentemente conectado à abundância universal.

O milionário desperto é generoso, ético e se concentra no bem dos outros.

O milionário desperto defende uma resolução de conflitos que beneficie não apenas as partes envolvidas, como também a pessoa que atuou como mediadora, resolução também conhecida como ganho triplo ou ganha-ganha-ganha.

O milionário desperto compartilha nobremente seus dons de empreendedorismo.

O milionário desperto lidera usando o exemplo como catalisador para a transformação dos outros.

> *INDEPENDENTEMENTE do que possa ser dito em louvor à pobreza, nada pode mudar o fato de que não é possível viver uma vida realmente plena ou bem-sucedida a não ser que a pessoa seja rica. Nenhum homem pode ascender ao auge do seu talento ou desenvolvimento da sua alma se não tiver muito dinheiro, porque para expandir a alma e desenvolver o talento ele precisa de muitas coisas, e ele não pode ter essas coisas se não tiver dinheiro para comprá-las.*
>
> – WALLACE WATTLES, *no livro A Ciência de Ficar Rico*

Prefácio

Esta é a minha obra-prima. Este manifesto está sendo desenvolvido há trinta anos. Nunca me senti mais convencido de qualquer outra coisa que já tenha ensinado ou compartilhado.

O movimento do milionário desperto não se destina apenas a construir o seu futuro, no qual você ascende e torna-se bem-sucedido financeira e espiritualmente. Isso diz respeito a todos os nossos futuros. O que você pode vir a ser como um milionário desperto está além do seu total sucesso. Envolve o que você pode devolver para o mundo, para um mundo que precisa que você faça isso. Consiste em você se tornar uma força para o bem, para a mudança. Diz respeito a você fazer diferença. E, para fazer isso, você precisa ser bem-sucedido financeira e espiritualmente. É assim que você se tornará a grande fonte de influência que um milionário desperto é. Você precisa prosperar, para o benefício de todos nós.

O mundo precisa que você tenha sucesso.

A visão é abrangente, a chamada à ação é forte e a aposta é alta. Portanto, quero deixar absolutamente claro por que você deve prestar atenção ao que estou dizendo – já que cada sucesso que tive, cada desafio que superei e cada sonho que realizei me conduziram a este momento, aqui, com você.

Não nasci em berço de ouro. Na verdade, no período em que vivi nas ruas de Dallas, no Texas, um berço de ouro teria sido minha salvação. Vivi na pobreza durante dez anos. É bem provável que eu já tenha enfrentado todos os desafios encontrados no caminho do sucesso. E, nas profundezas da pobreza, os desafios que todos enfrentamos são amplificados a um nível ensurdecedor.

O estilo de vida que tenho hoje transcende o que meu eu sem-teto teria considerado possível. Sou um multimilionário abençoado com o nível de riqueza e liberdade que desejo para você. Mas também continuo a trilhar meu caminho espiritual com muita dedicação, voltado a crescer mais, experimentar mais e despertar mais. É uma jornada permanente, e eu adoro cada momento dela.

Levei décadas para chegar onde estou hoje e me sinto muito orgulhoso de tudo que alcancei. Não estou compartilhando tudo isso para me vangloriar, mas simplesmente para demonstrar que sou coerente com meu próprio discurso e que vivo aquilo que ensino.

Seja voando para o Kuwait a convite de uma princesa e recebendo uma remuneração de seis dígitos para falar no evento dela, seja me encontrando com o filho do homem que produziu os Beatles e que deseja que eu participe de um filme e de um programa de televisão que ele está produzindo...

Sejam os quase cinquenta livros que escrevi, entre eles *best-sellers* internacionais como *Criando Riqueza e Prosperidade** ou *The Secret Prayer*... sejam os programas de autoajuda recordistas de vendas publicados por editoras como a famosa *Nightingale-Conant*...

Seja o marketing pioneiro na Internet, escrevendo um dos primeiros livros já publicados a respeito da rede mundial, usando a Internet para superar em vendas um livro de Harry Potter... seja vendendo um programa de treinamento com preço elevadíssimo e ganhando meio milhão de dólares em três dias...

Seja viajando ao redor do mundo, dando palestras em países tão diversos quanto a Rússia, o Peru ou a Polônia... seja como o principal orador em eventos importantes nos Estados Unidos para as associações de palestrantes *National Speakers Associations* e eventos de grande pompa, ao lado de Donald Trump e Tony Robbins no mesmo programa...

Seja criando ideias e livros como *Hypnotic Writing, Hypnotic Marketing, Buying Trances, The Secret Mirror, The Secret Reflection,*

---

* Publicado pela Editora Cultrix, São Paulo, 2006 (fora de catálogo).

Miracles Coaching®, *Wealth Trigger*, *Hyper-Wealth* e muitos outros... seja simplesmente sabendo como gerar ideias, promovê-las e comercializá-las para as massas...

Seja aparecendo na mídia nacional por ter sido convidado para participar dos mais diferentes programas, de *Larry King Live* (duas vezes) ao programa televisivo *Big Idea*, de Donny Deutsch, por me apresentar nos canais ABC, Fox, CNN, CNBC e outros... seja aparecendo em quinze filmes, sendo *O Segredo* o mais famoso deles...

Seja levando para o mundo o sistema de cura espiritual chamado *Ho'oponopono* com meus livros *Limite Zero* e *Marco Zero*, alcançando, segundo as estimativas, 5 milhões de pessoas... seja quando, com quase 60 anos, resolvi seguir o desejo de ser músico, tendo gravado, até o momento em que escrevo este livro, 15 álbuns...

Seja desenvolvendo uma abordagem espiritual da riqueza, desprezando métodos implacáveis e sempre focalizando uma abordagem equilibrada e saudável do sucesso, baseada na paixão e no propósito... ou sabendo como criar negociações do tipo ganha-ganha-ganha e conduzir negócios a partir do coração...

Seja sendo capaz de, ao escutar praticamente qualquer pessoa durante 20 minutos, ver ou criar uma ideia rentável exclusiva específica para ela... ou criando a *Operation YES*, um movimento para acabar com o problema dos sem-teto, levantar fundos para os que vivem na pobreza ou ensinar aqueles que enfrentam a falta de moradia a serem ambiciosos, enfrentarem limitações e tentarem alcançar seus ideais mais elevados...

Seja descobrindo um "segredo perdido" no autodesenvolvimento, a ideia das *contraintenções*, e ensinando a outras pessoas como qualquer um pode superar e acelerar seus resultados... seja tornando-me especialista na Lei da Atração, sabendo como usá-la, ensiná-la e transcendê-la...

Alcancei o sucesso financeiro. Experimentei o despertar espiritual. E ensinei a milhões de pessoas o caminho para chegar lá. Este é o próximo patamar.

Esses sucessos se tornaram meu legado. Mas eu os explico para você para que possa conquistar sua confiança, algo que será necessário no caminho que temos pela frente.

Tenho algo para lhe ensinar. Quero inspirá-lo a perseguir e alcançar seus sonhos. E quero que faça isso seguindo sua paixão. Quando você aprender a transformar sua paixão em lucro e a fazer diferença no mundo expressando a sua singularidade, sua vida se tornará milagrosa. Você terá descoberto a riqueza espiritual.

Nesse ponto, você se tornará um milionário desperto. Este manifesto é a minha ferramenta para realizar esse nobre sonho para você. Como você verá, o livro em si é ligeiramente heterodoxo. Mas ele atende a uma estratégia específica: despertar o seu eu lógico e o seu eu emocional, dois lados que precisam se unir quando você começa a trilhar o caminho em direção a se tornar um milionário desperto.

Este manifesto é um brado de convocação para que você ingresse em um movimento. Leia-o, absorva-o e coloque-o em prática.

Minha missão é ajudar a elevar o mundo de todos os conflitos desnecessários que enfrentamos. Ela começa ajudando você a transformar-se e alcançar seus sonhos financeiros e espirituais.

Isto é para você. É para nós. Você quer se juntar a mim?

JOE VITALE
Austin, Texas
www.awakenedmillionaireacademy.com/begin

Introdução

Vishen Lakhiani

Sempre fui um fã incondicional de Joe Vitale. Descobri seus livros quando estudava na Universidade de Michigan, e eles me fizeram entender que eu não precisava seguir o caminho tradicional: tirar boas notas, me formar, conseguir um emprego de horário integral, ganhar a vida. Mais exatamente, seus livros me abriram para a ideia de que a vida encerrava mais coisas do que apenas essa trajetória que todos seguem. É por isso que me sinto honrado por estar escrevendo este prefácio.

Este livro de Joe em particular, *O Milionário Desperto*, atende a um importante propósito porque é um manifesto para o mundo. Ele trata do lucro; é um brado de alerta para evitar que as pessoas sigam aquele caminho tradicional na vida de se esforçar muito para conseguir um emprego, trabalhar duro durante oito horas por dia, receber algum dinheiro para pagar as contas, para sobreviver. A maioria das pessoas se encontra no modo de sobrevivência, quando deveríamos estar no modo de prosperidade. Portanto, este livro poderá muito bem salvá-lo e levá-lo para um novo caminho, no qual você estará efetivamente vivendo uma vida com significado.

É importante que você perceba que o problema do sistema educacional é que fazemos às pessoas a seguinte pergunta: "O que você quer ser quando crescer?". E a natureza dessa pergunta, a natureza da ideia em si, sugere que crescemos para seguir uma carreira específica, ganhar dinheiro, pagar as contas e sobreviver.

No entanto, talvez uma pergunta melhor fosse esta: "O que você realmente gosta de fazer, que talvez consiga transformar em uma dádiva para o mundo?". Esta é a pergunta que este livro quer que você responda. Ela envolve a riqueza espiritual. Consiste em fazer as pazes com o dinheiro, deixar de vê-lo como algo que você precisa se esforçar para ganhar, e sim como uma recompensa por você praticar boas ações para o mundo e cumprir sua missão.

E algo incrível acontece quando você trabalha em uma coisa que sente ser uma missão. Ela o inspira. Ela o motiva. A vida não parece uma subida íngreme. Você se sente quase como se o vento estivesse empurrando-o enquanto você avança em direção a essa missão. Quando você faz isso, o trabalho se dissolve. A palavra "trabalho" deixa de existir no seu vocabulário, porque nada deixa você mais feliz do que trabalhar na sua missão. O dinheiro é apenas um belo efeito colateral.

Este livro é o melhor trabalho de Joe até aqui – talvez seu melhor trabalho em trinta anos e cinquenta livros. Ele se destina a inspirar as pessoas a se expandir, crescer, servir e despertar. A primeira parte do livro se expressa a partir da "perspectiva de nós" para ajudá-lo a compreender que todos somos um só e, assim, o que poderia ser mais importante do que criar uma missão que está a serviço de uma humanidade coletiva?

A segunda parte do livro diz respeito a você... se expressa a partir da "perspectiva de você" para se dirigir à sua chamada à ação pessoal. Ela o ajuda a identificar sua missão, a garantir que a missão está correta, a monetizar a missão.

Assim como alguns livros efetivamente mudaram o curso da história, este livro, o manifesto, foi projetado para fazer o mesmo para uma nova geração. A sua geração. A minha geração. A hora é agora. O livro está aqui.

Obrigado.

Vishen Lakhiani
Fundador da Mindvalley
Autor de O Código da Mente Extraordinária

Agradecimentos

Por onde começo? Tenho que agradecer a muitas pessoas. Sem o entusiasmo, a persistência, a dedicação e a paixão de Mitch Van Dusen, este livro talvez tivesse continuado a ser uma ideia que nunca viria à luz. Ele e sua esposa, Paloma Mele, foram diretamente responsáveis por criar a base deste manifesto. Matt Holt e meus amigos Elizabeth Gildea e Shannon Vargo, da John Wiley & Sons, enxergaram o valor deste livro e logo se ofereceram para publicá-lo. Dawn Kilgore, da Wiley, forneceu um excelente *feedback* editorial. O Statbrook Group, formado por Frank Mangano, Steve G. Jones, Paul Mascetta e Glenn Cucurullo, sempre apoia minhas ideias; juntos, criamos um produto *on-line* e um movimento em torno deste livro em www.awakenedmillionaireacademy.com/begin. Suzanne Burns e Zion Chatelle estão comigo há muito tempo, como amigos e assistentes, sem os quais poucos dos meus projetos teriam sido concluídos. Todos os membros da Achieve Today, que administram meu programa Miracles Coaching®, são pessoas maravilhosas que me ajudam a levar meu trabalho para o mundo. E é claro que Nerissa, meu amor, está sempre ao meu lado. Amo vocês e agradeço a todos de coração.

Prólogo

Uma batalha bizarra e esquizofrênica está se alastrando impetuosamente na sua cabeça.

Você está na linha de frente, com uma arma nas mãos cobertas de bolhas, enquanto dispara fanática e continuamente em um ofuscante nevoeiro.

Você não consegue enxergar além dele.

Mas o inimigo está lá, ameaçador, um cão raivoso. Você às vezes avista uma sombra cintilando através da névoa – um lampejo de movimento sem forma definida. Você quer acreditar que divisa rostos, corpos e árvores, mas nada está claro, com exceção da batalha. A batalha é um animal monstruoso, impossível de ignorar. O inimigo também deve ser um animal desse tipo.

Mas tudo o que você sabe a respeito do inimigo é o nevoeiro que o esconde. O nevoeiro que nunca desaparece. Ele é tão persistente quanto você.

Você avista, à sua esquerda e à sua direita, longas filas de homens e mulheres, envolvidos na mesma compulsão, com o mesmo vigor. Alguns gritam ferozmente, borrifando ondas de balas no nevoeiro. Alguns simplesmente continuam a disparar, estoicamente empenhados.

Nenhum deles parece ser um soldado experiente ou um lutador treinado. Vocês são todos apenas pessoas. Todos parecem calejados pela exaustão.

Você está cansado, seus ossos estão fatigados e sua alma está fraquejante. Calos mancham suas mãos. Sua roupa está cheia de terra.

Seus ombros estão tensos e retorcidos, a aparência de alguém que abraça um rifle permanentemente.

Ainda assim, ninguém ousa descansar. O inimigo está lá. A guerra é real. A situação é extremamente arriscada. Isso é tudo o que você precisa saber.

Você não se lembra de quando essa guerra começou.

Você não se lembra do rosto do inimigo contra quem está lutando. Você não se lembra da última vez que se deitou.

Você foi abalado por dúvidas, mas sua convicção nunca o abandonou.

Você não cede às dúvidas. Você está lutando pelo bem. Está lutando pelo que é certo. Está lutando pela sua sobrevivência.

Isso é tudo que você precisa lembrar, para nunca desistir. Você precisa permanecer fiel e seguir em frente. E é o que você faz.

Você faz uma breve pausa e descansa os olhos, e então sente uma mão quente encostar no seu ombro.

Você teria se assustado, já que está com os nervos à flor da pele, mas o toque suave é delicado e afável.

"Venha comigo. Você precisa ver uma coisa." A voz da mulher é carinhosa.

Ela veste roupas comuns. Nada de uniformes de campanha. Nada de armas. Mas você vê os velhos calos na mão dela. Eles não são como os seus. Estão mais suaves.

Existe algo tranquilamente irresistível a respeito dela. Ela parece ser... boa. Uma boa pessoa. Calma e controlada. Sua postura é determinada, porém suave. Por que ela está aqui?

Você balança a cabeça. Não consegue abandonar a causa. Não consegue recuar do seu posto.

No entanto você se ergue.

Abaixa a arma, se afasta da casamata e a segue em silêncio. Seus companheiros de luta se voltam e contemplam a cena com veneno nos olhos.

Seu corpo ainda está zunindo com as vibrações da sua arma, seus braços estão desconfortáveis e desajeitados sem uma arma para segurar.

A culpa e a raiva sobem para o seu rosto enquanto o sangue se escoa para seus pés. Você se sente um traidor.

Mas ela caminha, e você a segue.

Espasmos musculares e joelhos fraquejantes... você não se sente à vontade. Não se lembra de quanto tempo faz que não andava.

Mas ela continua a andar, e você continua a segui-la.

Quando você passa pelos outros soldados, seus companheiros ativamente envolvidos com a guerra, você enxerga uma futilidade que nunca reconhecera antes.

Nós não somos soldados, você diz para si mesmo. Não somos soldados. Você se perdeu nos seus pensamentos antes de se dar conta de que chegou ao fim das fileiras. Sua guia escalou a trincheira, saiu dela e começou a andar, sem medo...

Por que estamos avançando em direção às linhas inimigas?

Suas dores e curiosidades são substituídas por apreensão e confusão. Mas você não para.

O medo faz o sangue fluir para o rosto. Você se sente tonto, mas não diz nada. Fica apavorado, mas continua a andar.

Para onde ela está levando você?

Nesse momento ela para, apontando para um pequeno monte à sua direita, e faz um gesto na direção dele com a mão aberta.

Você sobe silenciosamente o monte na frente dela. Ela caminha junto a você, acompanhando confortavelmente o seu ritmo tenso. A sensação é benigna e compassiva.

No cume, você se volta.

Lá está ele. O campo de batalha. Como você nunca imaginou.

À esquerda, você vê a luz cintilante dos clarões de disparo envolvidos pelo nevoeiro, as armas dos seus companheiros soldados atirando com furioso desespero.

À direita, você finalmente enxerga além do nevoeiro. Não há nada lá.

Não há inimigos, imensas máquinas de guerra, animais assustadores. Apenas uma pequena floresta com árvores crivadas por balas atiradas a esmo.

A exclamação involuntária que escapa da sua boca o surpreende quase tanto quanto aquilo que você vê à sua frente.

Cada músculo do seu corpo trepida de horror.

Seus olhos arregalados pressionam insistentemente suas órbitas. Não há nada lá!

Impulsivamente, você agarra a mão dela e a aperta com feroz confusão.

A sua intenção é dar um grito, mas o que emerge é apenas um sussurro forçado: "Por que estivemos lutando?".

Ela volta a cabeça na sua direção, com ternura nos olhos.

"Por amor ao dinheiro."

Primeira Seção

Nós

Capítulo 1

A Verdade

Não é preciso dinheiro para comprar uma necessidade da alma.
— Henry David Thoreau

V erdadeiro ou falso:
O dinheiro é a raiz de todos os males.
O dinheiro é o grande destruidor.
Dinheiro não compra felicidade.
Dinheiro não compra paz de espírito.
O dinheiro corrompe por completo.
O dinheiro endurece o coração.
O dinheiro é a nossa loucura.
O dinheiro é a nossa prisão.
O dinheiro nos controla.
O dinheiro nos modifica.
O dinheiro nos torna gananciosos.
O dinheiro nos deixa pobres.

Estamos em guerra com o dinheiro. Não sabemos quando ela começou, nem mesmo por quê. Mas ela parece uma guerra justa. É a guerra certa a ser travada, porque somos mais importantes que o dinheiro. Nossas almas estão em perigo. O dinheiro não deveria ter poder sobre nós, mas tem. Sendo assim, entoamos o brado de guerra.

Nós o amaldiçoamos com prazer, com raiva, com despeito, com malevolência.

Nossa alma agride o dinheiro como se ele representasse tudo o que está podre na humanidade. Odiamos o controle perverso que ele exerce sobre nós.

Nós nos ressentimos do seu descaso pelo estresse que ele cria. Desprezamos a ganância que ele gera.

Remoemos a maneira dissimulada com que o dinheiro corrói nossa saúde, nossa longevidade e nossa felicidade.

Nós o insultamos por nos tornar vítimas indefesas do seu poder. Nós lamentamos como crianças mimadas pela angústia que ele provoca em nós.

Nós queimaríamos o dinheiro alegremente, nota por nota, se não o amássemos tanto. Sim, somos apaixonados pelo dinheiro.

O que quer que seja essa guerra fabricada, ela não consegue atingir esse desejo insaciável de possuí-lo, segurá-lo, cobiçá-lo e valorizá-lo.

Sonhamos com bolsos estufados e gordos contracheques. Cobiçamos ardentemente essa liberdade monetária mágica.

Nós o veneramos com um flagrante descaso pelas consequências disso. Estamos convencidos de que precisamos dele para comprar nossa felicidade. Temos inveja daqueles que o têm.

Nós nos afligimos quando o perdemos e nos regozijamos quando o ganhamos.

Nós imploramos por ele, suplicamos por ele, brigamos por ele, choramos por ele.

Amaldiçoaríamos com violência um homem que alegremente o queimasse, nota por nota. Que loucura! Que maneira tortuosa de viver a vida!

Se tivéssemos o mesmo tipo de relacionamento com as pessoas de quem nos enamoramos, ele seria disfuncional e emocionalmente abusivo. *Eu a amo, preciso de você, quero mais de você. Você me causa repugnância, me perverte. Você é minha, toda minha. Você ama todo mundo menos eu.*

Temos um relacionamento com o dinheiro, quer gostemos disso ou não. Ele não vai embora. Ele não vai morrer. Vivemos com o dinheiro e o dinheiro vive conosco. Contudo, lutamos e nos debatemos incessantemente.

Esse ciclo vicioso parece ser nosso destino.

E no entanto, enquanto lutamos, nos debatemos, amamos e odiamos, há um pequeno grupo de pessoas que possuem dinheiro, o mantêm e não precisam dele. Pessoas saturadas de prosperidade, que têm tudo o que poderiam desejar. Tudo, inclusive missão e propósito. Pessoas que vivenciam um profundo sucesso, enquanto o dinheiro é a menor das suas paixões.

Elas não amam nem odeiam o dinheiro.

Elas não se debatem com o dinheiro nem lutam com ele. Elas o controlam, mas ao mesmo tempo o respeitam.

Elas não brigam por ele, mas fazem doações com ele. E, de algum modo, continuam a ganhá-lo.

Entretanto, essa abordagem esclarecida da questão está longe de ser a norma. E não temos nenhuma ajuda do mundo à nossa volta para obter esse esclarecimento, muito menos reconhecer o potencial para o esclarecimento. Vamos ver como o veneno mental mantém esse esclarecimento afastado.

Um homem dirige pela Route 180, em St. Louis, Missouri, a caminho do trabalho. De repente, começa a sair fumaça do capô do seu Toyota Corolla 1993. Ele não tem dinheiro para pagar o conserto, mas, se não encontrar alguma outra forma de chegar ao trabalho, não receberá seu salário, que é pago por hora trabalhada. Como ele não tem cartão de crédito ou qualquer outro recurso alternativo, vai direto até a financeira mais próxima, que oferece empréstimos que podem ser quitados no dia do pagamento do salário. Em poucas horas, ele consegue 500 dólares e leva seu Corolla até uma oficina. Duas semanas depois, ele recebe seu pagamento, mas não consegue reunir o dinheiro necessário para pagar o empréstimo. Em um dia, a dívida se transforma em 644 dólares e aumenta descomunalmente nos meses seguintes. A financeira que emprestou o dinheiro, por fim, entra com uma ação contra ele, e ele perde tudo o que tem, inclusive o emprego.

Ele chega à conclusão de que o *dinheiro é maligno*.

Duas irmãs estão no escritório de um advogado para ouvir a leitura do testamento da mãe. Elas, então, ficam sabendo que a irmã mais velha ficou com a maior parte do espólio da mãe e que a menor parte, destinada à mais nova, está bloqueada em um cofre. Posteriormente, na casa da irmã mais velha, a irmã mais nova pergunta por que ela foi tão pouco recompensada no testamento. A mais velha, cautelosamente, faz comentários sobre os problemas da mais nova com drogas e álcool, bem como sobre o fato de ela não ter ido visitar a mãe nos seus últimos meses de vida. A mais nova tem um ataque de raiva tão terrível que elas param de falar uma com a outra. Mesmo após a reconciliação, anos depois, a mais nova ainda sente rancor. A mais velha se sente eternamente culpada por ter ficado com a maior parte da herança, mas em nenhum momento oferece ajuda financeira à irmã, com medo de insultá-la.

Elas chegam à conclusão de que *o dinheiro é o grande destruidor*.

Todos os dias, durante vinte e três anos, um homem começa seu dia na *delicatessen* do seu bairro, tomando um café, comendo um sanduíche e comprando um bilhete da loteria. Ele não tem muito dinheiro e, por isso, raramente compra o bilhete mais caro, mas depois de gastar milhares de dólares em bilhetes da loteria ao longo dos anos, ele ganha o prêmio máximo. Quando deve escolher entre receber o prêmio em 26 parcelas anuais ou tudo de uma só vez, escolhe receber tudo em uma única parcela. Ele quer ver 3 milhões de dólares na sua conta bancária. Por ter sido um menino que, na infância, não sabia se teria água quente na torneira quando fosse tomar banho, que era ridicularizado por usar roupas de segunda mão dois números acima do dele, ele decide mostrar a todo mundo o que nunca teve. Compra uma casa, um belo carro e um barco e conhece a mulher com quem acaba se casando. Compra também uma casa para os pais. Não para de viajar para os lugares mais exóticos. Doa dinheiro para as comunidades do bairro. Cinco anos depois, sua conta bancária está zerada. Ele vende a casa, o carro e o barco. Sua mulher vai embora e, com o tempo, ele volta a trabalhar e a frequentar outra *delicatessen*.

O homem chega à conclusão de que *dinheiro não compra felicidade*.

Uma mãe solteira tem dois empregos para conseguir criar os filhos. Ela não consegue se lembrar da última vez em que não estava trabalhando, cozinhando ou limpando a casa. A cada mês a pilha de contas fica mais alta, e cada envelope branco com uma janela transparente que ela retira da caixa de correio representa outro momento, entre milhares, em que ela sente um aperto no coração. Não há nenhum desfecho à vista. E, à medida que a aposentadoria se parece cada vez mais com um conto de fadas que seus pais lhe contaram, ela não consegue enxergar um fim para tudo isso.

Essa mãe chega à conclusão de que *o dinheiro é nossa prisão*.

Um rapaz trabalha para uma empresa de que não gosta, vende um produto no qual não acredita e fala sem alegria e sem entusiasmo com seus possíveis clientes. Ele sofre no trabalho, não consegue ganhar quanto precisa e sofre para pagar as contas. Com o tempo, ele perde o autorrespeito, a família e a saúde.

Ele chega à conclusão de que *o dinheiro nos torna gananciosos*.

Uma mulher abre o próprio negócio. Desconhecendo suas convicções ocultas a respeito do dinheiro e do sucesso, ela injeta no negócio todas as suas economias e os empréstimos que consegue levantar. Quando este não dá certo, ela pega mais dinheiro emprestado, gasta até o limite dos cartões de crédito e luta para sobreviver. Sem um despertar, ela vai à falência.

Ela chega à conclusão de que *o dinheiro nos faz ficar pobres*.

Mas o que essas almas bem-intencionadas concluíram são fatos ou crenças?

Muitos de nós acreditamos que o que pensamos são verdades, quando, na realidade, são crenças compartilhadas que não se sustentam quando analisadas mais profundamente.

As crenças criam nossa realidade. Influenciam o que vemos. Filtram os fatos. E muitos de nós acabamos pensando que precisamos lutar, passar fome e ansiar por uma vida melhor.

No entanto, nesses muitos momentos que tantos de nós compartilhamos, contemplamos o outro lado com inveja. Pessoas que descobriram uma maneira de se libertar dos grilhões do dinheiro. Achamos que as pessoas desapegadas ao dinheiro são melhores do que jamais poderíamos ser. Sentimos vergonha por não conseguirmos ser tão audaciosos. Existem as almas corajosas que, em um momento de orientação divina, largam o emprego, vendem suas casas e todos os seus pertences e partem em uma jornada sem saber quando ou se um dia voltarão. Sem a ameaça do dinheiro mordendo seus calcanhares.

Admiramos sua coragem.

Vemos pessoas espiritualmente devotas que abraçam uma vida de pobreza e entregam a alma a Deus e ao bem maior. Elas passam a vida sem nenhum luxo, a não ser pelo luxo maior, da liberdade e da nobre pureza. Elas são dádivas ambulantes de altruísmo. Labutam em países assolados pela guerra, ajudando pessoas que se encontram nas mais desesperadas e desprezíveis condições, indiferentes à ameaça do líder militar que espreita nas proximidades em busca de um novo corpo para arrebatar.

Admiramos a sua pureza.

Vemos os poetas, os artistas lendários, que romanticamente recusam dinheiro para se casar com sua divina musa. Eles toleram a pobreza, a comida ou a roupa escassa e a ameaça da rejeição em prol da emoção absoluta de seguir sua paixão. Sua paixão... que ideia maravilhosa dedicar-se a uma causa tão valiosa. A paixão que não é reprimida por aquilo que o restante de nós sofre todos os dias... necessidade e escassez. Esses espíritos elevados não têm necessidades nem sofrem com a escassez. É como se eles bebessem o ar, fossem permeados pelo sol e nisso encontrassem toda a nutrição de que precisam para manter a vida, como videiras silvestres que respeitosamente se estendem para cima para reverenciar o céu.

Admiramos sua perseverança.

E aqui nos sentamos, com montanhas de contas para pagar à nossa esquerda enquanto olhamos anelantes, à direita, para essas almas intrépidas que se estendem livres em um mundo sem preocupações financeiras. Elas podem sofrer. Podem enfrentar dificuldades. Podem passar dias famintas... mas são livres. São baluartes de uma vida apaixonada. São a personificação do que realmente significa estar vivo. Elas vivem a vida no limite. São possuídas por uma missão irrestrita. São verdadeiras servidoras do divino.

Mas qual é a crença mais insidiosa de todas?

Qual é a crença oculta que mantém a maioria de nós no escuro com relação ao dinheiro?

As histórias sobre a alma corrompida pela ganância e o espírito inspirado pela paixão são tão antigas quanto o próprio dinheiro. Na realidade, talvez o ditado mais famoso que se espalhou por nossa sociedade seja uma antiga citação da Bíblia. Você pode completar a frase sozinho: "O dinheiro é a raiz de todos os _____".

Você conhece a palavra. Ela está no seu inconsciente e, agora, no seu consciente. Não importa se somos ou não cristãos. Essa citação permeou o mundo secular com força e longevidade. O demônio encarnado, dobrado pacientemente na sua carteira, está esperando para experimentar a luz e torturar a sua alma uma vez mais.

Mas a Bíblia é citada de maneira errada.

Essas nove palavras perenes – o dinheiro é a raiz de todos os males – são fraudulentas.

A verdadeira citação da Bíblia retrata uma imagem muito diferente: "... aqueles que querem ficar ricos caem em tentação, em uma cilada, em muitos desejos insensatos e prejudiciais que mergulham o homem na ruína e na destruição. Porque o amor ao dinheiro é a raiz de todos os males, e alguns, ao cobiçá-lo, se afastaram da religião e se atormentaram com muitas aflições" – 1 Timóteo 6:9–10.

E aqui experimentamos nossa primeira provocação para o despertar. Não o despertar do tipo bíblico, mas do tipo universal.

O amor ao dinheiro...

O amor ao dinheiro é a raiz de todos os males...

E os milionários verdadeiramente despertos não são apaixonados pelo dinheiro. Eles o utilizam. Eles o apreciam. Eles o potencializam. Mas não são apaixonados por ele.

Embora isso não descarte os atos de ganância e corrupção que alguns homens e mulheres perpetraram em nome do dinheiro, isso de fato suscita uma pergunta repleta de uma nova visão.

O dinheiro é a raiz dessa ganância e dessa corrupção?

O dinheiro é a causa de toda nossa dor e todo nosso sofrimento?

O dinheiro é o demônio por trás das nossas abomináveis carências e necessidades?

O dinheiro é a única força responsável por essa angústia e esse conflito coletivos?

Ou ele pode ser outra coisa inteiramente diferente?

E se o considerássemos como sendo o que ele é: um objeto inanimado? Um pedaço de papel? Um disco de metal comum?

E se pudéssemos eliminar todas as nossas ideias a respeito do dinheiro? E se pudéssemos suprimir nossos pensamentos negativos sobre ele, bem como o desejo voraz que sentimos por ele?

Podemos transformar por completo nosso relacionamento com o dinheiro? Podemos imaginar um novo futuro sem essa batalha bizarra e esquizofrênica que se alastra em nossa cabeça?

E se imaginássemos que essa perspectiva totalmente absurda sobre o dinheiro pode conduzir a uma maior felicidade e a um sucesso mais verdadeiro e ainda abrir nossa vida para a abundância?

Isso seria possível?

Estou aqui para lhe dizer que é. É possível. Não é uma fantasia ou ilusão utópica. E não tem nada a ver com enfiar nossa cabeça na areia.

Na realidade, um modelo saudável para nos relacionarmos com o dinheiro e interagirmos com ele está vivo e bem disposto e foi inculcado em um pequeno grupo de pessoas. É uma realidade defendida por essa estirpe tranquila de visionários e apaixonados provedores do bem.

Está aqui. Agora.

Conheça o milionário desperto.

Capítulo 2

Os Milionários Despertos

O que queremos fazer é o que estamos de fato destinados a fazer. Quando fazemos o que estamos destinados a fazer, o dinheiro vem na nossa direção, portas se abrem para nós, nos sentimos úteis e temos a sensação de que o nosso trabalho é diversão.

– Julia Cameron

Vash Young – você provavelmente nunca ouviu falar nele. Mas ele escreveu, no início da década de 1930, um dos mais influentes livros de autoajuda da época: *A Fortune to Share*. Young ganhou uma fortuna no setor de seguros de vida – e isso foi durante a Grande Depressão, quando outras pessoas enfrentavam dificuldades, passavam fome e algumas até cometiam suicídio – e escreveu seus livros para ensinar as pessoas a se preocuparem com os outros, serem felizes agora e realmente servirem. Seus livros ainda são relevantes e atuais, embora Young já tenha partido há muito tempo.

Bruce Barton foi um dia chamado de "o homem que todo mundo conhece".

Ele foi um "Mad Man" pioneiro que não era louco. Foi um gênio popular da publicidade, cofundador, em 1919, da BBDO, umas das maiores agências de publicidade do mundo, e autor de *best-sellers*.

Seus livros, como *The Man Nobody Knows,* revelaram Jesus como um homem de negócios que escolheu 12 pessoas e transformou o mundo. Meu próprio livro sobre Barton, *The Seven Lost Secrets of Success*, revela um homem mais apaixonado pelos princípios do que pelos lucros.

Mary Kay Ash: "Uma ideia medíocre que gere entusiasmo irá mais longe do que uma grande ideia que não inspire ninguém".

Ela inspirava as mulheres. Ela dava Cadillacs cor-de-rosa para as melhores vendedoras dos seus produtos de beleza. A sua missão era ter lucro com a sua paixão para ajudar as mulheres a se tornarem independentes.

Allen Carr tentou fazer com que o mundo parasse de fumar.

Carr fora um fumante inveterado que descobriu e desenvolveu uma "cura pela fala" que funcionou. Ele passou o resto da vida ensinando seu "método Easy Way" para o mundo. Celebridades e pessoas comuns ouviam sua apresentação e paravam de fumar. Ironicamente, Carr morreu de câncer no pulmão. Ele deixava que os fumantes que ouviam suas palestras fumassem enquanto ele falava. Como resultado, ele respirava a fumaça dos cigarros da audiência e ficou doente. Quando foi informado disso, Carr declarou: "Valeu a pena". Era esse o grau de importância que ele dedicava à sua mensagem. Ele estava em uma missão.

Debbie Ford: trazendo luz para a escuridão.

Ela escreveu livros que despertavam as pessoas para suas fraquezas ocultas, para que pudessem recuperar seu poder e realizar seus sonhos. *O Lado Sombrio dos Buscadores da Luz*[*] ajudou pessoas que estavam enganando a si mesmas a enxergar suas convicções ocultas e se libertar. Ela apareceu na televisão, em filmes e deu palestras para pessoas em todo o mundo.

O que essas pessoas têm em comum? Todas eram milionários despertos.

---

[*] Publicado pela Editora Cultrix, São Paulo, 2001.

Elas não formam uma organização ou um clube. Não se encontram em reuniões de cúpula anuais. Elas não têm um mandato. Em muitos casos, talvez nem mesmo tenham consciência do que são.

Elas simplesmente são.

Esses visionários práticos vivem de acordo com um credo bizarro... bizarro apenas porque ficaremos surpresos com sua fórmula. Ele representa uma completa ruptura com o que consideramos como fato a partir de uma convicção tão desgastada que não permite que enxerguemos nada além de um denso nevoeiro.

Alma + Dinheiro = Mais Alma + Mais Dinheiro

A alma acrescida de dinheiro é igual a uma alma maior e mais dinheiro. Nosso primeiro instinto é rejeitar inteiramente essa fórmula.

O amor ao dinheiro é nocivo. O dinheiro destrói. Ele corrompe. Ele cega. Ele certamente não expande a alma. O que observamos sistematicamente é que o dinheiro mata a alma.

Mas... parece loucura imaginar que o dinheiro e a alma não apenas trabalham juntos em harmonia, mas que também produzem mais de ambos como resultado.

No entanto, temos exemplos vivos desse modo de vida, desse relacionamento muito diferente com o dinheiro, dessa visão de paixão e propósito.

Temos os milionários despertos – e cada passo que eles dão reforça a ideia expressa nessa fórmula.

Eles não são criaturas sobrenaturais. Não são os heróis de uma lenda. Eles vivem uma vida muito real, que poderá parecer simples ou corriqueira para o observador casual. No entanto, é quando retiramos as camadas que percebemos o funcionamento interno desse novo paradigma que está esperando pelo restante de nós.

Não é o amor pelo dinheiro que os motiva. É uma visão singular. Não é o desejo por mais dinheiro que os inspira. É o desejo de compartilhar sua paixão.

Não é a consolidação do conforto material que os mantêm firmes. É a consolidação do propósito.

Não é a luz de objetos reluzentes e novos brinquedos vistosos que os guia. É a luz de uma missão.

Esta pode parecer a lista de qualidades de um santo, mas não diz respeito à santidade.

Os milionários despertos têm um tipo de espiritualidade na sua essência. A forma como essa espiritualidade se manifesta procede inteiramente da pessoa, como deve ser. Quer se conectem com um poder superior específico, quer tenham a percepção de algo poderoso fora de si mesmos.

Isso pode ou não estar associado à religião. Na maioria dos casos, os milionários despertos têm suas próprias conexões com o Grande Algo, que é especial para eles. Eles têm um relacionamento pessoal com seu próprio senso de origem.

Quando eles caminham, estão na igreja.

Quando falam, estão rezando.

Quando trabalham, estão praticando a devoção.

Além disso, cada pessoa decide o que é sua espiritualidade, o que pode incluir ou não a participação em uma religião particular. Por estarem despertos, eles compreendem que *são* a espiritualidade que procuram.

Os milionários despertos não são apenas seres nobres. São seres nobres que utilizam o dinheiro *como um instrumento* para cumprir sua missão.

Dinheiro, uma ferramenta da alma.

Dinheiro, um colaborador da alma.

Dinheiro, um funil que canaliza a luz difusa da nossa alma para o mundo tangível, com consequências tangíveis.

Embora os milionários despertos percebam que o dinheiro flui com facilidade para eles e a partir deles, eles não ganham nem gastam o dinheiro apenas consigo mesmos e com sua família. Por trás da sua paixão, por trás do seu propósito e por trás da sua missão

– concretizada com dinheiro e realização – existe a solene conscientização de que eles podem, dessa forma, realizar o que os instiga.

Nossa paixão consiste dos fortes sentimentos amorosos que se agitam dentro de nós. É o nosso desejo profundo.

Nosso propósito não é simplesmente o que queremos; ele alude à razão da nossa existência.

E a nossa missão é um profundo propósito acompanhado por uma apaixonada convicção. É a nossa vocação.

Paixão + Propósito = Missão

Nosso relacionamento coletivo com o dinheiro está nos derrubando. Esse amor e esse ódio, e as centelhas que se espalham quando os dois dançam, não agridem apenas a pessoa que sofre. Eles se propagam, como danos colaterais, para aqueles que nos cercam, para a comunidade e para a sociedade como um todo.

Alguns milionários do mundo atual podem ter uma paixão, mas alguns têm paixão por dinheiro – e praticamente por nada mais. Lamentavelmente, os estereótipos negativos a respeito do dinheiro muitas vezes se aplicam a eles. A sua corrupção, os abusos da lei e as irregularidades que eles praticam contra as pessoas, bem como sua ganância, são com frequência a origem das nossas arraigadas opiniões a respeito do dinheiro e de como ele nos afeta. Os milionários despertos enxergam bem além disso.

Eles estão despertos para seu propósito, sua paixão e sua missão, e seu próspero relacionamento com o dinheiro vem em seguida.

Sejamos claros: não precisamos ser literalmente milionários para nos tornarmos milionários despertos. Podemos ter milhões no banco. Até mesmo bilhões. Ou apenas alguns poucos milhares. Precisamos olhar para nós mesmos para entender o que prosperidade significa para nós, como pessoas. Precisamos imaginar holisticamente a prosperidade. A abundância não envolve, nem deveria envolver, apenas as finanças. Somente nós sabemos o que nos proporcionará significado, alegria e um sentimento de prosperidade.

Então por que usar o termo milionário?

Porque milionário é um conceito. Uma metáfora. O milionário é há muito tempo a obsessão da nossa sociedade, o símbolo supremo da pessoa completa e realizada. A pessoa que queremos ser, que ansiamos ardentemente ser, de quem sentimos inveja ou por quem sentimos um ódio mortal.

Precisamos resgatar a palavra *milionário*.

Precisamos despi-la da sua doentia mancha monetária e pintá-la com um propósito mais profundo, um propósito que esteja à altura do que o dinheiro realmente pode se tornar. Vamos deixar que ele renasça como uma inspiração para nós. O milionário desperto que se propõe ganhar o máximo de dinheiro desperto possível para reforçar o impacto das suas paixões.

Alma + Dinheiro = Mais Alma + Mais Dinheiro

Este é o novo brado de convocação – não para a batalha, mas para a prosperidade, em todos os sentidos.

Capítulo 3

Um Despertar

*Se uma pessoa corrigir sua atitude com
relação ao dinheiro, isso a ajudará a endireitar
quase todas as outras áreas da sua vida.*

– BILLY GRAHAM

Uma verdadeira história de despertar:

A década de 1960 não foi fácil para muitas pessoas nos Estados Unidos. Trabalhando nas estradas de ferro, o menino conheceu o trabalho pesado em tenra idade. Seu pai era do tipo que não faltava um único dia ao trabalho e pôs o filho para trabalhar aos 5 anos de idade. Quando não estava na escola, ele trabalhava nos trilhos. O trabalho era gratificante à sua própria maneira, já que o menino recebia um dólar por hora e ganhava o almoço de graça, mas não era o estímulo que uma criança desejava.

Não havia muito o que falar sobre sua cidade rural em Ohio. William McKinney nascera lá. E a biblioteca pública, um memorial para o presidente americano, era uma atração turística. Sua família era profundamente radicada nos valores da classe trabalhadora. O menino via o sofrimento e a aflição no rosto dos habitantes do local e ouvia as histórias quando os vizinhos passavam na sua casa para tomar uma xícara de café ou iam lá depois do trabalho para beber um pouco de vinho caseiro. Todos enfrentavam dificuldades.

A televisão pouco nítida da sua casa narrava histórias semelhantes. Até mesmo comédias de sucesso como *Gilligan's Island* (*A Ilha dos Birutas*) inocentemente programavam as pessoas para achar que os ricos eram gananciosos e antipáticos. E séries da televisão de grande audiência, como *The FBI Story* (*A História do FBI*), ensinavam que as pessoas fazem coisas horríveis para conseguir dinheiro. Outras séries da televisão, como *The Rockford Files* (*Arquivo Confidencial*), transmitiam a ideia de que o dinheiro corrompia as pessoas. A programação era insidiosa, mas poucos reparavam nisso. Afinal de contas, tudo não passava de simples divertimento.

Desde tenra idade, ele sabia que queria ser escritor. Em parte por causa do mito que envolve a vida do escritor – as aventuras impermeáveis ao tédio da vida da maioria das pessoas. Ele leu livros de Jack London e livros sobre o escritor e ansiava por uma vida com emoções intensas. Viajar por toda parte, conhecer cidades exóticas e se enlaçar com monstros lendários eram pensamentos cativantes que mal podiam caber naquele menino de cidade pequena.

Mas parte disso vinha do seu desejo de compartilhar alegria. Ele queria fazer com que as pessoas se sentissem melhor. É difícil para um menino entender as complexidades dos fatos e dos motivos por trás do sofrimento das pessoas, mas era fácil compreender os rostos abatidos e o cheiro de tristeza.

Ele queria tornar as pessoas felizes.

Ele queria escrever comédias ou peças humorísticas para fazer as pessoas sorrirem. Ele queria escrever livros que as inspirassem a tentar encontrar uma vida mais feliz. Estava cansado de presenciar o pessimismo e sentir sua própria tristeza diante dos conflitos da vida. Queria fazer a diferença com o que escrevesse.

A comichão do escritor se espalhou mais profundamente dentro dele à medida que crescia. O peso do mundo à sua volta fez com que essa comichão se espalhasse mais depressa. Ele não sabia como seria quando escrevesse, mas sabia que queria escrever. E também sabia que queria fazer as pessoas felizes. Ver os horrores da Guerra do Vietnã transmitidos em todas as casas, presenciar os conflitos dos direitos civis na televisão e viver o trauma de um amado presidente, senador e líder da paz americano ser assassinado foram coisas quase impossíveis de suportar.

Por ser jovem e inexperiente nos costumes do mundo, ele não sabia como alcançar sua meta. Foi para a faculdade, mas detestou a experiência. Foi reprovado em quase todas as matérias, exceto naquelas que tratavam de alguma forma da literatura americana. Nessas, ele brilhou.

Ele entrou para um programa de autoestudo, leu a biografia de autores e devorou livros sobre a arte de escrever. Como estava interessado no potencial humano, também leu sobre autoajuda, psicologia, hipnose, filosofia e metafísica. Livros como *The Magic of Believing* mudaram sua vida, ensinando-lhe que poderia realizar qualquer coisa se simplesmente acreditasse. Até mesmo ser um escritor.

Ele continuou a trabalhar na estrada de ferro nos fins de semana, detestando o trabalho mas gostando do pagamento. Economizou uma pequena fortuna para um rapazote, quase 2 mil dólares, trabalhando lá. Despediu-se de todos e fez uma viagem de ônibus de três dias para Dallas, no Texas. Por que Dallas? Porque ele adorava os Dallas Cowboys. Era seu time de futebol favorito. E as séries da televisão, como *Dallas*, tornavam a cidade sedutora.

Mas ele não estava preparado para a intensidade de uma cidade grande. A atividade, a velocidade, a diversidade, a turbulência.

Dallas não foi nem um pouco hospitaleira. Era difícil encontrar trabalho. Mais difícil ainda fazer amigos. Ele era um cara simpático, extrovertido, com um leve senso de humor. Mas se sentia invisível. Não conseguia parar em nenhum emprego. Não fez amigos no trabalho. Foi tudo muito difícil. E isso quase o derrubou.

Certo dia, depois de apenas algumas semanas em Dallas, restando apenas mil dólares das economias que juntara com tanto sacrifício, viu o anúncio de um trabalho que pagava muito bem por hora nos campos de petróleo do Alasca. Uma aventura, um bom dinheiro e um trabalho árduo. Ele sabia trabalhar, ansiava pela aventura e o dinheiro não poderia vir em melhor hora.

Foi até o escritório de recrutamento e entregou os últimos mil dólares que tinha para pagar pela viagem e pela oportunidade. Ele estava muito nervoso, porém animado. O Alasca era uma aventura destemida chamando por ele, que colocou todas suas fichas, todo seu dinheiro, no jogo do trabalho muito bem pago. Ele planejava trabalhar durante um ano, economizar, voltar e passar um ano sem trabalhar, apenas escrevendo. Era um plano audacioso, bem-fundamentado, para implementar um sonho. Mas nunca aconteceu.

A companhia foi à falência. Seus últimos mil dólares ficaram presos atrás das portas fechadas da empresa. Ninguém atendia o telefone, não havia nenhum endereço indicado, e seu dinheiro simplesmente evaporou. Mais tarde, ele soube que o dono tinha se suicidado.

Primeiro, ficou em estado de choque. Depois, veio a incredulidade, que por sua vez se transformou em raiva. E depois surgiu o pânico. E, finalmente, um inevitável desespero.

E agora?

Todas aquelas horas que ele passara ouvindo os vizinhos na sua cidade natal contando suas histórias sobre as dificuldades da vida não o haviam preparado para a realidade. Ele sabia que poderia voltar para casa. Seus pais o acolheriam, embora com a insuportável frase "bem que eu avisei", que certamente acompanharia esse acolhimento.

Mas ele não podia fazer isso. Não podia voltar para casa. Tinha que seguir em frente. Tinha que superar essa situação, mas não tinha a menor ideia de como fazer isso. Não tinha nenhum dinheiro e, em pouco tempo, passou também a não ter onde dormir.

Ele viveu os quinze anos seguintes na pobreza. Foi um sem-teto durante vários meses, dormindo em bancos de igrejas, nos degraus da agência de correios de Dallas, na biblioteca pública e nos bancos da estação de trem.

O mais difícil era dormir na estação de trem. Trabalhar na estrada de ferro tinha sido a fonte da sua força primitiva, das suas convicções, fantasias extravagantes, da sua ética de trabalho e do dinheiro que usara para reivindicar sua aventura, seu sucesso como escritor e sua chance de fazer as pessoas felizes. Agora os trilhos simplesmente o ridicularizavam. Eles não diziam nada. Mas eles o viam. Sabiam que ele tinha fracassado.

Ele despencava cada vez mais rápido. Observava sua alma, que um dia fora um poderoso bloco de mármore, sendo lentamente desbastada como que pela mão de um escultor negligente e sem nenhuma visão.

Tinha perdido completamente as esperanças.

Ele conseguiu sair das ruas economizando um pouco de dinheiro com biscates, pegou uma carona para sair da cidade e migrou para Houston. A grande cidade estava prosperando muito no final da década de 1970 e no início dos anos 1980. Era possível conseguir uma ocupação fazendo algum trabalho braçal pela manhã, largar o trabalho se não gostasse dele e conseguir outro à tarde.

O escritor sonhador fez isso. Trabalhou em inúmeras atividades, algumas tão inadequadas para ele que ele chorava a caminho do trabalho. Com o passar do tempo, se casou com uma mulher tão solitária quanto ele. Batalharam juntos. Eles se revezavam trabalhando. Às vezes, ela trabalhava enquanto ele escrevia. A mulher se tornou alcoólatra, teve que ser hospitalizada e iniciou a longa jornada de reuniões dos Alcoólicos Anônimos. Ela não dirigia nessa época, de modo que ele a levava de carro para as reuniões e quase sempre ficava com ela durante os encontros. Foi um período apavorante, mas eles conseguiram superá-lo.

Ao longo dos anos, o escritor publicou algumas coisas. Uma peça de teatro de sua autoria foi produzida em Houston. Não ganhou nenhum dinheiro, mas teve uma amostra do sucesso. Matérias de capa assinadas por ele foram publicadas em revistas de circulação nacional. Pagavam pouco, mas ajudavam a desenvolver a confiança.

Seu primeiro livro foi publicado em 1984. Ele também não ganhou nada, mas foi um acontecimento muito importante na vida dele.

Enquanto ele insistia em perseguir seu sonho, boas oportunidades surgiram. Alguém que ele conhecia o apresentou a um rico homem de negócios. O escritor foi bem pago para ser o *ghostwriter* do livro desse homem. Aí surgiu a Internet, e o escritor postou suas palavras na rede. As coisas começaram a se acelerar. Pouco a pouco, o sucesso começou a se aproximar. O sol começou a brilhar. À medida que os anos se passaram, ele foi ficando mais conhecido, publicou mais livros e foi convidado para participar de um filme que mudou o mundo, chamado *O Segredo*.

Por quê? Como?

Nos momentos do mais profundo desespero, quando nossa alma está aprisionada em um viscoso lodo primordial, não existe *momentum*. Não existe movimento. Tudo parece estar encarcerado na escuridão. Desafortunadamente, alguns apodrecem nesse denso desespero.

Mas se isso não acontece, o que o tira daí? Como você escapa? Isso requer uma força sobrenatural que está enterrada dentro de nós. A mesma força que motiva o milionário desperto. A mesma força que esse rapaz usou para finalmente escapar e prosperar.

Paixão. Propósito. Missão.

Sua paixão era ser escritor. Seu propósito era fazer as pessoas felizes. Juntos, eles formam a missão existencial que finalmente o puxou para fora do lodo. Foram necessários anos. Anos de trabalho, anos de esforço, anos de dedicação.

Mas ele conseguiu. Ele se tornou o escritor que almejava ser. Fez milhões de pessoas felizes. E embora o dinheiro não fosse seu principal objetivo, ele ganhou milhões fazendo isso.

Quando ele era pobre, em Houston, sua mulher quebrou um vidro de molho de tomate que seria usado para preparar a refeição especial da semana deles. Ele não tinha o dinheiro necessário para comprar outro vidro.

Hoje ele tem milhões de dólares – suficientes para comprar um mar de molho, se ele quisesse. Mas mesmo com essa prosperidade, sua paixão continua a mesma. Seu propósito é o mesmo. Sua missão é a mesma.

Ele quer escrever e quer fazer as pessoas felizes. Ele está vivendo o Credo do Milionário Desperto.

Ele queria lucrar com sua paixão.

Ele queria lucrar fazendo diferença.

Ele queria lucrar ajudando, servindo, inspirando e transformando. E ele conseguiu.

Hoje, ele vive sua missão.

Esta é minha história.

Eu a estou contando por uma simples razão: você e eu somos da mesma família. Compartilhamos a mesma condição humana. E quer a sua história seja como a minha ou não, isso é irrelevante. Vim das profundezas da pobreza e do desespero. Experimentei o que há de pior. Passei pela noite escura da alma. E aqui estou eu.

E meu caminho em direção ao milionário desperto é um entre muitos.

Você, que ainda não tem uma visão clara da sua paixão, do seu propósito e da sua missão, pode descobrir sua maneira de se tornar um milionário desperto.

Você, que está repleto de paixão, é motivado pelo propósito, dedicado a uma missão, mas ainda não descobriu a maneira de executá-la, pode descobrir sua maneira de se tornar um milionário desperto.

Você, que tentou repetidamente, sem descanso... e nunca conseguiu dar vida à sua paixão e ao seu propósito, pode descobrir sua maneira de se tornar um milionário desperto.

Você, que já vive a prosperidade financeira, mas que carece da paixão, do propósito e da missão, pode descobrir sua maneira de se tornar um milionário desperto.

Não importa o caminho por onde viemos, o Credo do Milionário Desperto, o caminho do milionário desperto e a visão do milionário desperto estão facilmente disponíveis a todos.

Se todos nos reuníssemos em um lugar e compartilhássemos nossas histórias, elas seriam uma confusão extravagante e imprevisível. Mas, independentemente do nosso ponto de partida, dos nossos desafios, das nossas paixões e das nossas visões, todos podemos seguir o caminho para nos tornarmos milionários despertos.

Porque a origem dele é simples. O caminho para que nos tornemos milionários despertos não é complicado, mas precisa ser edificado sobre quatro pilares, que são os seguintes:

Precisamos despertar nossa paixão.
Precisamos elaborar nosso propósito.
Precisamos ativar nossa missão.
Precisamos revigorar nosso relacionamento com o dinheiro.

Capítulo 4

O Que é Real?

*O dinheiro não é nem meu deus nem meu demônio.
É uma forma de energia que tende a nos tornar mais do
que já somos, seja de forma gananciosa ou amorosa.*

– Dan Millman

Nosso entendimento sobre o dinheiro é uma ilusão. Nossas suposições a respeito da alma do dinheiro são fraudulentas, tão inúteis quanto dar tiros nas árvores de um inimigo imaginário que nós mesmos criamos.

O milionário desperto sabe que o dinheiro é neutro, mas que é uma ferramenta poderosa quando colocado nas mãos certas. É uma ferramenta espiritual nas mãos do milionário desperto.

No entanto, lamentavelmente, a guerra ao dinheiro é nosso direito inato. O paradigma esquizofrênico amor/ódio está tão arraigado em nós que poderíamos até pensar que é quase genético.

Mas não é. É adquirido. Somos educados para ter um relacionamento disfuncional com o dinheiro. Estamos saturados de atitudes violentas com relação ao dinheiro, atitudes que são diariamente reforçadas para nós por todos que nos cercam e que compartilham as mesmas atitudes.

Não ouvimos ninguém que não tenha uma grande quantidade de dinheiro expressar um completo reconhecimento e respeito por ele.

Esse relacionamento tóxico que nos circunda se tornou uma nova corrente da condição humana.

Isso precisa parar. Precisa parar agora. E precisa parar conosco, porque esse relacionamento tóxico com o dinheiro não é estático. As novas gerações herdarão esse relacionamento disfuncional. Assim como o abuso físico pode ser transportado de uma geração para outra por meio do exemplo de um dos pais, as atitudes relacionadas ao dinheiro também são transmitidas. Basta que uma criança diga "não, não serei assim" para que a herança insidiosa chegue ao fim.

Isso precisa parar para todos nós. Podemos fazer isso. Há pessoas que demonstraram que é possível.

Existem aqueles que quebram esse ciclo vicioso.

São os milionários despertos.

Eles nasceram no mesmo mundo que todas as outras pessoas e envolvidos nos mesmos relacionamentos com o dinheiro. Mas levantaram o véu e viram a horrenda realidade da sua herança: o dinheiro é neutro!

É difícil imaginar como podemos abandonar todas as nossas fantasias a respeito do que é o dinheiro e aceitar que ele é neutro. Uma das maneiras é imaginar como a humanidade conseguia funcionar antes de a moeda corrente ser inventada e procurar entender o motivo para sua invenção.

Até 1500 a.C., o dinheiro era apenas gado, carneiros ou porcos. O dinheiro "vivo" era o meio de troca. Mais tarde, os fenícios inventaram o dinheiro de metal. Para torná-lo ainda mais valioso, o metal se tornou a prata, o cobre e, é claro, o ouro. Mais tarde ainda, em 1656, Johan Palmstruch inventou o papel-moeda. Esse tipo de dinheiro não decolou imediatamente, já que a moeda ainda era venerada e requerida. Benjamin Franklin foi fundamental ao sugerir que o papel-moeda fosse usado nos negócios. Nessa época, a moeda corrente foi aceita e se tornou a norma nos Estados Unidos.

Antes da moeda corrente, havia dois tipos de economia: a economia de troca e a economia de doação.

Na economia de troca, você tinha dois sapatos e eu tinha peles. Eu precisava de sapatos e você precisava de peles. Nós trocávamos. O valor dessa transação era claro. Nem há etiquetas de preço nesses sapatos nem nessas peles. O valor se baseia inteiramente na necessidade do indivíduo. Era uma troca igual, desde que os dois itens fossem desejados.

Em outro caso, você pode precisar das minhas peles, mas eu não preciso de sapatos. Mesmo assim, eu aceito os sapatos na troca porque sei que serei capaz de rapidamente trocar os sapatos por outra coisa. Foi uma permuta simples, por motivos bastante básicos. Nada perverso. Nada traiçoeiro.

A economia de doação é bem mais complicada.

No interesse de cuidar de todos os membros de uma comunidade, os serviços e produtos são fornecidos independentemente de quando ou como são retribuídos. Essa é uma cultura que se apoia nos costumes e normas sociais da doação.

Até mesmo na economia de doação, encontramos motivos questionáveis no ato de doar. Por exemplo, você pode dar um presente com a única expectativa de que irá receber outro em troca. Isso não tem nada a ver com apoiar a comunidade como um todo e tem tudo a ver com obrigar outro membro da comunidade a lhe dar algo em troca.

Também pode haver o sentimento da obrigação de doar presentes e serviços a uma linhagem ou um grupo consanguíneo particular, como doaríamos a uma família real. Essa é uma maneira de manter viva a reciprocidade entre seu grupo consanguíneo e o outro... de manter um relacionamento de doação aberto para o futuro.

Existem também formas de propriedade em uma economia de doação. No caso da terra, uma propriedade pode ser conservada por uma família ou uma linhagem particular. Fica simplesmente estabelecido que eles detêm os direitos de uso daquela terra. O uso da terra só é concedido a determinados membros da comunidade, embora a terra permaneça ligada aos donos originais.

Da mesma forma, há exemplos em uma economia de doação que são muito semelhantes ao que chamamos de propriedade intelectual. Eles são como os direitos autorais de um livro. O livro pode ser vendido para pessoas, mas o conteúdo segue pertencendo ao autor.

É fácil perceber como pode ser complicado atuar em uma economia de doação – talvez até mais complicado do que no capitalismo dos dias de hoje. Pode haver alguns grupos poderosos e outros com menos poder. Pode haver aqueles com muitas propriedades e outros com um número menor delas. Além disso, o que é muito importante, as dívidas também são muito reais.

Mas vamos examinar as crenças por trás disso.

Se estivéssemos em uma economia de troca, seria absurdo tentar colocar a culpa dos nossos problemas em objetos de troca, como sapatos ou peles.

Por acaso faríamos a declaração: "As peles são a raiz de todos os males?".

Se estivéssemos em uma economia de doação, será que diríamos: "A doação de presentes é o grande destruidor?".

É claro que não. Então o que, ou quem, deveríamos culpar pelos nossos problemas na vida?

Talvez o dinheiro não tenha nada a ver com isso.

Uma das primeiras histórias de uso da moeda foi a obsidiana de Anatólia, uma matéria-prima para ferramentas da Idade da Pedra, distribuídas já em 12 mil a.C.

O uso da moeda corrente é, de fato, tão antigo assim.

O papel-moeda, como o conhecemos, começou na China, no século XI, na Dinastia Song. Mercadores e atacadistas queriam evitar carregar bolsas com moedas de cobre para grandes transações comerciais, de modo que começaram a usar notas de papel para representar a pesada cunhagem.

É interessante que essa solução simples para um problema tenha se tornado a fonte de um dos nossos maiores inimigos e de um dos nossos maiores casos de amor.

O dinheiro não é a raiz de todos os males. O dinheiro é a solução para fenômenos naturais... permuta de mercadorias e o "reconhecimento de dívida". Você tem uma coisa que eu quero, eu tenho uma coisa que você quer – vamos trabalhar juntos. Eu lhe prestarei este serviço agora, mas vou precisar de alguma coisa em troca.

Então, como foi que isso se transformou no relacionamento beligerante e complicado que temos hoje com o dinheiro? Não tem nada a ver com dinheiro e tudo a ver com as pessoas.

Quando pessoas com intenções questionáveis perceberam que o dinheiro poderia se tornar uma forma de controle, começamos a ver a ascensão do nosso relacionamento complicado.

Eu tenho dinheiro, você não tem.
Eu pago para você, de modo que sou seu dono.
Você é meu devedor.
Eu quero o que você tem.

Há uma lição importante e esclarecedora que todos precisamos observar. A corrupção espiritual e moral começou muito antes da ascensão do dinheiro como o conhecemos. Membros da nossa espécie ansiavam por poder, controle e luxo milhares de anos antes de o papel-moeda começar a existir. Essas são características humanas, defeitos humanos, desequilíbrios humanos. O dinheiro foi apenas uma ferramenta que pessoas espertas, com motivos questionáveis, descobriram como potencializar para promover seus próprios objetivos. Entre o registro mais antigo da moeda corrente, por volta de 12 mil a.C., e a ocasião em que foi escrita a famosa citação "o amor ao dinheiro é a raiz de todos os males", em 62 d.C., devem ter ocorrido muitos maus comportamentos.

E aqui vemos um segredo oculto na ferramenta do milionário desperto.

O dinheiro é neutro.

Uma vez que ele não nos controla mais, uma vez que nós não o controlamos mais, um novo cenário está preparado para que uma mudança monumental aconteça. Surge a oportunidade, e muitas coisas antes impossíveis se tornam possíveis.

Isso pode ser feito. Precisamos fazer isso de uma vez por todas. E para fazer isso, precisamos nos apresentar novamente ao dinheiro.

Precisamos examinar profundamente a alma do dinheiro e compreender que ele não tem alma. Ele não é capaz de ter uma alma. Ele é simplesmente um objeto. Somos nós que damos uma alma a ele. A nossa alma.

O dinheiro é neutro.

O dinheiro é um receptáculo vazio esperando para ser preenchido. Preenchido com o que? Com nossas intenções. Nossa missão. Nossa paixão. Nossa alma.

O milionário desperto entende que o dinheiro é uma ferramenta destinada a causar um impacto positivo. E precisamos de mais impactos positivos neste mundo.

Isso significa que precisamos de um novo despertar dentro de nós como pessoas, quando compreendemos que aquilo que é visto como nosso senhor ameaçador está destinado a se tornar a ferramenta confiável que as pessoas boas usam para missões apaixonadas.

É isso que precisamos defender. Agora e até o fim da nossa vida. Precisamos reconhecer que o que temos diante de nós é, de muitas maneiras, a força mais poderosa para o bem à nossa disposição.

Capítulo 5

Contraintenções

É uma espécie de esnobismo espiritual que faz com que as pessoas pensem que podem ser felizes sem dinheiro.
– Albert Camus

Nossa guerra ao dinheiro não é travada apenas na mente consciente. Na realidade, a maior parte dela é incitada pelas mentes subconsciente e inconsciente. Os hábitos adquiridos, as perspectivas, os padrões e as opiniões que herdamos estão enterrados profundamente em nós. E eles se transformam em animais gigantescos que obstruem nosso caminho: obstáculos, crenças limitantes e contraintenções.

Conscientemente, queremos uma coisa: dinheiro.

Inconscientemente, queremos outra: o dinheiro é nocivo, de modo que é melhor mantê-lo afastado.

Como o inconsciente é maior, mais audacioso, mais forte e está no controle, vencerá aquilo em que ele acredita.

Os obstáculos mentais podem ser nossa incapacidade até mesmo de imaginar que estamos cercados pela abundância desperta.

Pode haver a incapacidade até mesmo de considerarmos um novo relacionamento com o dinheiro ou uma nova verdade a respeito da natureza neutra do dinheiro.

Pode haver uma completa descrença na possibilidade de um mundo no qual possamos estar livres do contato nocivo do dinheiro.

Não importa se somos capazes de entender conscientemente a situação e aceitar essas possibilidades. Se nossa mente subconsciente estiver bloqueada para as possibilidades, no final ela vencerá a batalha.

As convicções limitantes podem ter nos convencido secretamente de que não temos a coragem, a força de vontade ou a capacidade para ir até o fim sem fraquejar, qualidades necessárias para que possamos concretizar nossas mais eloquentes paixões.

Essas convicções podem assumir a forma de uma dúvida subconsciente instantânea quando simplesmente cogitamos a possibilidade de ter uma fonte contínua de dinheiro na nossa vida.

Elas podem ser a eterna culpa de ter fracassado várias vezes, incapazes de construir nosso próprio caminho para o sucesso.

Podem ser objeções proeminentes à possibilidade de um mundo no qual podemos ser guiados por uma paixão, um propósito ou uma missão que se reforçam se forem promovidos pelo poder que canalizamos para o dinheiro.

As contraintenções podem tomar forma como autossabotagem persistente, com nossa mente subconsciente distribuindo danos pelas nossas costas por meio da procrastinação, da hesitação ou da repressão.

Por que impediríamos nosso próprio sucesso ou bloquearíamos a abundância?

Uma possibilidade é o medo. Medo do desconhecido. Medo de novas responsabilidades. Medo do sucesso. Medo do fracasso. Medo do constrangimento. Medo de qualquer coisa que não seja a jaula onde estivemos a vida inteira, porque nós a compreendemos muito bem e ela nos faz sentir seguros.

Podemos até mesmo ter um desejo secreto profundo e sombrio de conseguir dinheiro para poder impor a mesma crueldade e controle que vivenciamos nas mãos de outras pessoas que exerceram o poder do dinheiro sobre nós.

Independentemente dos bloqueios mentais, convicções limitantes e contraintenções que possam estar armando emboscadas dentro de nós, precisamos compreender que dizer apenas "vou mudar minha mente" nem sempre vai funcionar. Na verdade, em geral não funciona. Nossa mente subconsciente se ressente e resiste ao nosso desejo de mudança.

Quando nos damos conosco atirando incessantemente balas em um denso nevoeiro, precisamos bater de leve no nosso ombro, dizer a nós mesmos para baixar as armas e nos afastarmos um pouco para enxergar a verdade exata da guerra na qual estávamos envolvidos. Precisamos transcender essas barreiras de novas maneiras.

Isso começa com a causa número um das nossas barreiras subconscientes, que é uma das maiores responsáveis pela guerra que travamos com o dinheiro.

Sentimos que somos vítimas.
Somos vítimas de forças externas.
Somos vítimas de forças que não conseguimos vencer.
Somos vítimas de circunstâncias que não somos capazes de controlar.

Mas será que somos mesmo? Estamos realmente tão dispostos a desistir do nosso poder com tanta facilidade? Porque quando vivemos e agimos como vítimas, abdicamos do controle da nossa vida e do nosso destino.

Não somos capazes de transformar nosso relacionamento com o dinheiro porque somos vítimas da vasta rede de opressão do dinheiro.

Não podemos escapar do conflito financeiro porque somos vítimas das nossas dívidas, das nossas contas e das nossas responsabilidades.

Não podemos ascender como milionários despertos porque somos vítimas da nossa vida árdua e dos nossos difíceis desafios.

Ou pelo menos é isso que dizemos a nós mesmos.

Permanecer como vítima significa fechar as portas e ir para casa.

Desistimos do nosso poder. Reconhecemos que estamos à mercê dos cordões da marionete presos aos nossos braços e pernas. Não temos livre-arbítrio porque somos as vítimas em uma jaula que não projetamos e na qual nunca concordamos em entrar.

Que ideia paralisante, fraudulenta. Quase tão paralisante quanto o desgastado relacionamento com o dinheiro que precisamos modificar.

Um mantra das vítimas é "as coisas são como são". Isso deixa pouco espaço para esperança, mudança ou ação.

As pessoas dizem essa frase para dar de ombros e ceder ao que imaginam ser a realidade imutável.

O que seria melhor do que pensar ou dizer "as coisas são como são"? Ocorreu-me, como um lampejo de inspiração, que a seguinte frase seria mais exata e empoderadora: "As coisas são o que nós aceitamos que sejam". Em outras palavras, a realidade é o que você *aceita*.

"Ela é o que você aceita."

Alguém me perguntou sobre a frase: "Ela é o que eu decido que seja".

"Decidir" poderia funcionar, mas não é inteiramente verdade.

Dois amigos meus morreram com uma semana de intervalo, um deles de uma maneira totalmente inesperada.

Se eu pudesse decidir, eu decidiria que eles continuariam a viver.

Não posso fazer isso, mas posso aceitar que eles morreram.

"É o que eu aceito."

Em vez de dizer "as coisas são o que são", diga "as coisas são o que são *no momento* e estou fazendo algo a respeito disso!" e aja para tornar sua nova intenção uma nova realidade.

A capitulação é um ato espiritual superior quando você está se rendendo aos seus ideais mais elevados; mas é um ato medíocre de uma mentalidade de vítima quando você se rende a circunstâncias que sinceramente não aprecia.

Vou repetir o que acabo de dizer: a capitulação é um ato espiritual superior quando você está se rendendo aos seus ideais mais elevados, mas é um ato medíocre de uma mentalidade de vítima quando você se rende a circunstâncias que sinceramente não aprecia.

Muitas pessoas enganam a si mesmas com declarações que, à primeira vista, parecem inocentes, como "as coisas são o que são", em vez de fazer um exame mais profundo para descobrir o que está por trás dessa declaração.

Não estou sugerindo que você negue a realidade dos fatos que está enfrentando, mas estou aventando que aceitar os fatos como o veredicto final é uma atitude equivocada.

Ao aceitar o que não posso mudar, continuo a viver na realidade com a qual concordei ao mesmo tempo que reconheço meu poder na aceitação.

É um pouco como o famoso conselho conhecido como Prece da Serenidade:

Deus, conceda-me serenidade para aceitar as coisas que não posso modificar,
Coragem para modificar aquelas que posso,
E sabedoria para reconhecer a diferença entre elas.

Embora a maioria das pessoas associe a famosa prece aos Alcoólicos Anônimos, ela na verdade surgiu de uma luta política contra o mal.

De acordo com Susan Cheever, "... pode ser uma surpresa tomar conhecimento de que a prece foi originalmente concebida não como um antídoto para o vício mas em resposta à terrível perversidade da Alemanha nazista, que ameaçou a própria civilização durante a Segunda Guerra Mundial. Escrita durante as profundezas mais sombrias da guerra pelo teólogo Reinhold Niebuhr, um germano-americano de primeira geração, a prece captou a situação ética difícil e apavorante enfrentada por Niebuhr e seus companheiros alemães antinazistas que tinham emigrado para os Estados Unidos, a salvo da perseguição porém impotentes para intervir contra Hitler".

A sabedoria para reconhecer a diferença é a chave. Um número grande demais de pessoas cede sem fazer uma verificação. Elas não usam a sabedoria.

Um conselho bem melhor foi dado em um verso de Mamãe Gansa, de 1695:

Para cada sofrimento debaixo do sol
Há um remédio, ou não há nenhum;
Se houver um, tente encontrá-lo;
Se não houver nenhum, não tem importância.

Com esse novo lema, você pode pelo menos sentir que tem escolha. Se for encurralado em um canto, pode optar por enxergar opções ou pode escolher capitular. De qualquer modo, você *tem a escolha* do que aceita.

Repare que o novo verso lhe confere mais poder; é claro que você pode usá-lo ou não. Criar a sua própria realidade envolve escolha e conscientização. Estou certo de que você tomará a decisão correta de ser empoderado ao máximo.

O fato de você utilizá-lo ou não dependerá do que você aceita – mas repare que isso cabe inteiramente a você. "É o que você aceita."

Por que permanecemos vítimas? Por que somos tão persistentes e inflexíveis na aceitação dessas supostas correntes e não fazemos nada?

Porque nos acomodamos. Nós nos acomodamos demais. Ficamos conformados.

Os desafios e dificuldades não são confortáveis e não gostamos deles. Teoricamente, é claro, queremos evoluir e ir além dessas dificuldades. Mas somos criaturas resilientes e adaptativas. Podemos nos queixar, mas nos adaptamos a essa vida de vítima. Conhecemos nossos limites. Estamos protegidos do resto do mundo.

Precisamos entender que ir na direção de qualquer coisa nova nos fará sentir pouco à vontade, porque ela é nova.

Sempre que você deixar sua zona de conforto, sentirá desconforto. Isso é óbvio, não é mesmo? Mas sentir desconforto não é um sinal para deixar de prosseguir. Significa apenas que você está deixando o conhecido e seguindo em direção ao desconhecido. Você está deixando seus confortáveis limites conhecidos e desconhecidos para avançar em direção à riqueza, à felicidade e ao poder ilimitados.

A única maneira de chegar lá é tolerar o desconforto. Afinal de contas não se trata de uma ameaça à sua sobrevivência. É apenas um passo para fora da sua zona de conforto. Não significa nada além disso. Não é nada a ser temido. Na realidade, sentir desconforto deveria ser, e pode ser, um indício de que você está progredindo.

Mas aqui há outra percepção: a de que estamos protegidos da necessidade de assumir responsabilidade. E a de que, bem aqui, está a cura: assumir responsabilidade.

Existem poucas decisões conscientes que podem fazer mágica na mente subconsciente e inconsciente. Poucas ações conscientes que podem causar uma impressão em uma esfera da nossa mente que, em grande medida, permanece fora de alcance. Com frequência é necessário uma reprogramação subconsciente, como a hipnose, para dissolver essas barreiras subconscientes. Ou profundos exercícios de desobstrução mental para destruí-las lentamente.

No entanto, simplesmente assumir a responsabilidade pode ter um poderoso toque terapêutico. Quando assumimos a responsabilidade... quando nos erguemos no silêncio da nossa vida tranquila e humildemente aceitamos a responsabilidade por tudo o que somos, essa decisão permeia nosso ser, nossa alma e tudo mais. Isso acontece porque assumir a responsabilidade significa recuperar o controle. Significa reconhecer que, mesmo quando forças externas avançam sobre nós, não precisamos sofrer de forma profunda ou emocional. Essa é nossa escolha.

Eis outra história verdadeira: um homem começou a tocar piano aos 4 anos de idade. Ele tinha um talento natural, mas sua mão esquerda nunca foi equivalente à direita, que era duas vezes mais rápida, duas vezes mais ágil, duas vezes mais sensível. Posteriormente, ele estudou *jazz* na The New School e se formou com uma perspectiva inteiramente nova sobre música e improvisação.

Alguns anos depois, quando tinha 24 anos, ele foi jantar com os pais em Nova York. Ele revelou para seus pais algumas das suas recentes reflexões sobre a sua antiga e inconfessa dificuldade com a mão esquerda, particularmente quando tocava piano.

Seus pais finalmente lhe contaram que ele nascera com um caso brando de paralisia cerebral, o que tornara todo o seu lado esquerdo mais fraco que o direito.

Essa foi uma revelação impactante. Por que eles não tinham contado isso para ele muito tempo antes? Eles não quiseram que ele percebesse a si mesmo como portador de uma deficiência, ou mesmo uma leve desvantagem. Na verdade, ele passou a vida se exercitando incansavelmente no seu trabalho no piano com a mão esquerda e descobrindo maneiras de compensar a diferença.

Agora, ele encara o ocorrido como uma dádiva. Sua mão esquerda nunca será a sua direita. Ela nunca terá a graça, o toque ou a amplitude de movimento. No entanto, em contrapartida, a mão direita nunca terá a personalidade, o estranho carisma e o balanço desajeitado que a mão esquerda irradia.

Na verdade, nenhuma outra pessoa terá uma mão esquerda como a dele e ninguém tocará música com o mesmo floreado. Ele vê isso como uma dádiva, não uma desvantagem. O nome dele é Mitch Van Dusen, um amigo meu que vive com inspiração e está me ajudando na missão de transformar as pessoas em milionários despertos.

Há pessoas que nasceram com defeitos congênitos bem mais desafiantes que o dele. No entanto, muitas fazem a escolha de viver tão plenamente quanto qualquer outra. Chamá-las de milagrosas é um insulto à sua incrível vontade de desafiar as expectativas do seu corpo e da sua mente.

Outro homem sofreu um acidente quando tinha menos de 5 anos de idade. Ele perdeu 80 por cento da audição. Apesar da dificuldade de crescer sendo ridicularizado por outras crianças e de ser considerado lento ou retardado pelos adultos, ele alcançou posteriormente grande fama e prosperidade. Ele se tornou um astro do cinema, fisiculturista inspirador e orador. Hoje, nós conhecemos Lou Ferrigno como o Hulk.

Eles não sucumbiram à mentalidade de vítima à qual muitos de nós, com condições muito menos graves na vida, sucumbimos com tanta disposição e facilidade.

Você talvez também tenha uma visível limitação corporal ou mental. Mas ela não precisa pará-lo ou mesmo arrefecê-lo. Ela pode ser otimizada, respeitada e até mesmo amada.

Pense nas pessoas que nasceram com todas as vantagens que você é capaz de imaginar. Saúde, beleza, dinheiro. Essas pessoas se sentem aprisionadas por essas maravilhosas circunstâncias. Receosas de que seus pais considerem suas paixões desprezíveis, elas acham que precisam satisfazer as expectativas e assumir o negócio da família. Elas também deixam de aproveitar todo o potencial que têm e culpam todas as outras pessoas por isso.

Vamos assumir a responsabilidade.
Vamos afogar o complexo de vítima nas ensurdecedoras corredeiras das nossas convicções.
Vamos reconhecer para sempre que qualquer queixa, qualquer justificação é uma desculpa e nada mais.
Nunca mais sucumbiremos a essa ideia ridícula de que não temos nenhum poder.

Todos temos o poder de que precisamos. Temos o poder de assumir a responsabilidade. Temos o poder de rejeitar o complexo de vítima que nos ensinaram a aceitar.

Não somos vítimas do dinheiro; somos comandantes da nossa nobre causa, com o dinheiro ao nosso lado.

Não somos vítimas de dívidas e contas; somos beneficiários dos serviços, das mercadorias e das oportunidades que enriqueceram nossa vida.

Não somos vítimas do aqui e agora; mesmo que sejam necessários tempo e paciência para isso, temos o poder de superar quaisquer desvantagens, desafios e obstáculos que tentem nos desencorajar.

Não somos vítimas; somos autores da história da nossa vida.

Somos defensores do dinheiro pleno de alma.

Somos os futuros milionários despertos.

Capítulo 6

A Fórmula

A Terra recebe seu preço por aquilo que a Terra nos dá,
O mendigo é tributado por um canto para morrer,
O padre tem seus honorários para ouvir nossos pecados,
Nós pechinchamos pelas sepulturas onde nos deitamos;
Na barraca do diabo todas as coisas são vendidas,
Cada grama de refugo custa seu grama de ouro;
Por um barrete com sinos pagamos com a vida.
Bolhas nós compramos com a incumbência de toda uma alma,
Somente o céu é distribuído,
Somente Deus pode ser possuído gratuitamente,
Nenhum preço é colocado no pródigo verão;
Junho pode ser possuído pela pessoa mais pobre.
– JAMES RUSSELL LOWELL, *The Vision of Sir Launfal*, 1848

O que acontece quando escavamos e fazemos jorrar a substância viscosa do complexo de vítima acumulada dentro de nós?

Sentimo-nos empoderados.

Sentimos uma profunda mudança do desamparo para a firmeza. O controle do nosso destino resgatado das mãos dos mil feitores para quem tínhamos entregue nosso poder.

É constrangedor aceitar que temos vivido anos a fio como vítimas. Ninguém gosta de abrir os olhos e reconhecer quanto desistimos de nós mesmos. Pode ser muito constrangedor finalmente enxergar a profundidade com que a mentalidade de vítima permeou cada aspecto da nossa vida.

No entanto, no momento em que assumimos a responsabilidade, a aresta desse desconforto fica embotada, já que nos tornamos empoderados e vemos uma nova esfera de possibilidades.

Temos então o poder de descobrir, de reconhecer ou de transformar... nossa missão.

Tocamos a paixão, o propósito e a missão. É importante compreendê-los.

A paixão é um amor profundo, ou um desejo profundo, por alguma coisa.

O propósito é uma meta, um objetivo (e às vezes, mas nem sempre, a razão da nossa existência).

A missão é um propósito profundo acompanhado de uma paixão. É a nossa tendência. Nossa vocação. É o que fazemos.

Paixão + Propósito = Missão

Essa palavra – missão – é intimidante. O conceito de missão nos faz lembrar do quê? Nos filmes, a missão é salvar o mundo do cara mau. Em uma missão da vida real, podemos pensar em uma causa muito meritória, como reconstruir casas em uma área destruída por um furacão, levar pessoas a Marte ou encontrar uma cura para o câncer.

Coisas importantes. Coisas impressionantes. Coisas que confundem a mente. Precisamos compreender que essas missões abrangentes são executadas pelo trabalho conjunto de milhares – ou até mesmo milhões – de pessoas que têm as suas próprias missões, muito menores e mais específicas. Nenhuma pessoa isolada será responsável pela cura do câncer, que resultará da culminação de um sem-número de estudos, invenções, pesquisas e métodos de tentativa e erro ocorrendo ao redor do mundo.

Com o tempo, surgirá uma cura e, embora um grupo possa ser reconhecido por uma descoberta decisiva, a humanidade terá que agradecer a todos os que trabalharam em direção a essa meta monumental.

A verdade é que a missão, na escala de uma pessoa, pode ser algo incrivelmente simples, e ela começa com uma paixão.

Paixão

Esse é o lugar dentro de nós onde nasce o milionário desperto.

A paixão é fácil. É uma coisa que amamos. Adoramos fazê-la. Adoramos estudá-la. Adoramos pensar nela. Adoramos falar sobre ela.

Quando alguém traz o tema à baila em uma reunião, sentimos que finalmente encontramos uma pessoa com quem podemos ter uma conversa de verdade. Formamos laços com os outros baseados em paixões mútuas. Às vezes, é formando essa conexão que encontramos nossos melhores amigos ou parceiros.

Nossa paixão nos deixa felizes.

Nossa paixão nos deixa empolgados.

Uma paixão pode ser consertar carros. Preparar refeições deliciosas. Mexer em aparelhos eletrônicos. Fabricar objetos de cerâmica. Jogar golfe. Curar por meio do toque. Trabalhar com encanamentos. Dirigir táxi. Provar cervejas do mundo inteiro. Explorar regiões desconhecidas ao redor do mundo. Gatos. Cachorros. Lagartos. Flamingos cor-de-rosa. Ornamentos de gramado. Castelos da Irlanda. Jardins ingleses. Saltar de aviões. Pilotar aviões. Manejar aviões por controle remoto. Dirigir carros de corrida. Fisiculturismo. Maratonas. Álbuns de recortes. Livros. Aplicativos. Cozinhar. Truques de mágica. Meditação.

Vale tudo. Tudo conta. A paixão é imune à crítica. E qualquer paixão, aliada a um pensamento criativo, pode ser transformada em lucro.

Ninguém pode desprezar nossas paixões. Elas são apenas nossas. Elas vêm bem de dentro de nós, e por razões que somente nós podemos entender.

Precisamos abraçar nossa paixão. Precisamos anunciá-la com orgulho. Usar camisetas que falem sobre ela!

É a paixão que conduz o milionário desperto em cada passo de uma missão com absoluta alegria, empolgação e entusiasmo. Sem paixão, não existe missão, não há jornada. Não existe propósito sem paixão.

Propósito

Toda paixão revela um problema. Quando amamos uma coisa, queremos entendê-la por completo. Inevitavelmente, descobrimos uma das seguintes situações a respeito da nossa paixão:

Está faltando alguma coisa. Não há nenhum livro a respeito de um tipo particular de [x]. Precisa haver um site a respeito de [x]. Não poderia haver um apêndice a [x] que fizesse [y]? Sempre ansiei por [x]. Não consigo encontrar nenhuma informação a respeito de [x].

Ela tem um defeito, ou uma fraqueza. Isso poderia ser aperfeiçoado. Poderia ser melhor. É lenta demais. É rápida demais. É difícil demais. É fácil demais. É inerte. Não foram feitas recentemente inovações em [x]. [X] precisa de uma revitalização.

O propósito nasce muitas vezes desses problemas. Para cada problema há uma solução. Tudo começa com esta simples pergunta: "E se?".

"E se?" é uma pergunta poderosa quando colocada da forma certa. A maior parte das pessoas costuma imaginar cenários negativos: E seu eu falhar? E se a minha ideia for um fracasso total? E se eu não conseguir fazer o que pretendo? E se eu for a exceção à regra?

Mindy Audlin, autora de *What If It All Goes Right?*, chama essas perguntas de "e se" de pessimistas. A sua intenção é fazer perguntas "e se" otimistas: E se eu for bem-sucedido? E se minha ideia for a vencedora? E se meus próximos passos forem os pontos de virada de celebração na minha vida?

As perguntas do tipo "e se" podem ser usadas para criar soluções. *Not Impossible*, um livro de Mick Ebeling, descreve histórias inspiradoras sobre como ele criou soluções em tempo recorde dizendo que descobriria uma maneira, quando nenhuma existia. Ele ficou famoso por criar mãos protéticas para vítimas de guerra com o uso de uma impressora 3-D.

Quando Mitch Van Dusen e eu nos encontrávamos e discutíamos as ideias do Manifesto Desperto, nos propusemos fazer perguntas "e se" otimistas para criar um movimento e uma missão. Nosso trabalho se tornou mais do que um livro ou um produto *on-line*; tornou-se um movimento inspirador vigoroso, veemente e intenso.

Tudo porque fizemos perguntas do tipo "e se" e também do tipo "o que seria melhor?", irmã dela.

Cada uma dessas perguntas "e se" representa uma meta nascida de uma paixão. Cada uma foi trazida à realidade. Cada uma, não importa quão pequena, simples ou grande, mudou o mundo para sempre, e cada uma será ampliada para futuras gerações. É assim que uma missão é criada.

Uma missão promove uma mudança positiva por meio de uma meta singular, alimentada pela paixão.

O milionário desperto tem uma missão alimentada pela paixão.

Sua missão é sua e exclusivamente sua. Essa missão pode ser a de tornar-se melhor mãe possível para seus filhos, o melhor bombeiro da sua cidade, abrir um negócio que transforme vidas, comercializar uma invenção que purifique a água, transformar energia solar em combustível automotivo ou qualquer outra coisa. Ela é sua e apenas sua.

Sua missão é alimentada por sua paixão. O que quer que você ame, não importa o que desperte seu interesse, é o que você transforma na sua missão. Enquanto você for lendo estas palavras e meditando sobre sua vida, tudo ficará claro.

Vamos em frente.

Capítulo 7

O Espelho

A falta de dinheiro é a raiz de todos os males.
— George Bernard Shaw

A paixão, o propósito e a missão são as forças poderosas do milionário desperto.

A maior parte de nós não tem consciência da grande profundidade do nosso reservatório de paixão, e a maioria não entende o que é possível fazer com essa paixão.

A paixão é uma força criativa, que pode ser utilizada e canalizada de maneiras ilimitadas. É a força por trás de cada ação do milionário desperto, porque fornece a direção, o foco, o propósito e, em última análise, a missão para aquilo que criamos neste mundo, para o impacto que causamos.

Pergunte a qualquer pessoa com uma missão o que ela definitivamente precisa para fazer com que sua visão se torne realidade, e todos lhe dirão a mesma coisa.

Uma mulher decide escrever uma coleção de contos.

Um homem decide criar novos modelos de moradia com preço acessível.

Uma mulher decide construir uma escola para meninas no Afeganistão.

Um homem decide cultivar um tipo raro de orquídea.

O que todos eles precisam para que sua missão se torne realidade?

Eles precisam de dinheiro. Precisam de dinheiro para tudo que for necessário. Precisam de dinheiro para suprimentos, para os escritórios, para a infraestrutura, para a divulgação, para a construção, para contratar funcionários. Precisam de dinheiro, como um construtor precisa de tijolos, para fazer com que sua missão dê frutos. Sem ele, não podem fazer isso; e precisam de dinheiro para viver.

O que eles precisam na verdade é de *criatividade,* não de dinheiro. Eles apenas pensam que precisam de dinheiro. Mas como é assim que a maioria das pessoas pensa, vamos dar seguimento a esse raciocínio.

Empreender uma missão representa um investimento do seu tempo, da sua energia, de todo o seu eu. Muitas pessoas começam uma missão enquanto trabalham em um emprego fixo ou enquanto ganham dinheiro de uma maneira que não tem nada a ver com sua missão, mas isso é difícil de administrar.

Muitos de nós vivemos conflitos internos por conta da ideia de que não merecemos ser pagos para fazer o que amamos. Essa é uma fantasia. Outra mentira inculcada na nossa mente.

Todos merecemos ser pagos para fazer o que amamos. Todos merecemos ser pagos para trazer alguma coisa positiva para o mundo. Afinal de contas, você tem contas para pagar e eu também. É correto que você cobre pelo seu trabalho, para poder pagar por suas necessidades. Devo cobrar pelo meu, para que eu possa pagar pelas minhas. É uma troca justa de energia, ser pago devido a um respeito mútuo – e é bem mais fácil do que trocar cabras por sapatos.

Você também vai notar muita confusão mental aqui. Em um determinado nível, quando está em dificuldades, você só pensa no desejo de ter dinheiro. Mas, quando você finalmente tem dinheiro, se preocupa sobre o que os outros pensam, se você tem demais e se é corrupto.

Poucas pessoas reconhecem o cabo de guerra dentro das suas cabeças: elas tentam conseguir dinheiro quando não o têm, porque precisam dele; evitam o dinheiro quando o têm porque ele provoca pensamentos de que é nocivo. Não é de causar surpresa que muitos ganhadores da loteria acabem quebrados depois de pouco tempo. Suas convicções negativas inconscientes a respeito do dinheiro triunfam.

Na condição de milionários despertos, nós sabemos das coisas.

E aqui, nessa luz, vemos a verdadeira natureza do dinheiro. Ele é simplesmente um espelho. Ele reflete o que acreditamos. Intrinsecamente, o dinheiro é desprovido de significado – nós projetamos significado no dinheiro.

Se modificarmos nosso relacionamento com o dinheiro, se transformarmos a maneira como interpretamos o dinheiro, enxergarmos sua verdadeira natureza, dissolvermos nossos receios e ressentimentos com relação ao dinheiro... de repente, então, poderemos pegá-lo, segurá-lo nas mãos e compreender esta simples verdade: o dinheiro é neutro... até que conferimos significado a ele.

O dinheiro é um receptáculo para orientar, elevar e fazer com que nossa missão produza resultados. Uma coisa é reformular as ideias sobre o dinheiro na nossa mente consciente. Podemos saborear o entusiasmo de reimaginar as possibilidades quando manejamos o poder espiritual do dinheiro. Podemos imaginar o grande número de maneiras pelas quais podemos encher esse receptáculo vazio com nossas próprias intenções. Podemos abraçar esse novo relacionamento com o dinheiro à medida que ascendemos em direção a um maior despertar, mas isso é apenas o começo.

Capítulo 8

A Missão

*Não atribua ao dinheiro um valor maior ou menor
do que o que ele efetivamente tem;
o dinheiro é um bom servo, mas um mau senhor.*
— ALEXANDRE DUMAS FILHO, Camille, 1852

Walt Disney certa vez disse: "Eu quero ganhar dinheiro com meus filmes para que eu possa continuar a fazer filmes".

Repare na pureza da declaração, que se refere à missão. À missão da alma dele. O dinheiro é secundário. O dinheiro é um meio para alcançar um objetivo. O relacionamento entre a missão dele e o dinheiro é simbiótico e cíclico. Um gera o outro.

Disney amava os desenhos animados. Ele sabia que, se eles o faziam feliz, eles levariam alegria para as pessoas que os assistissem. E ele queria fazer as pessoas felizes. Se aplicarmos a fórmula do milionário desperto a Disney, ela poderia ser algo assim:

Paixão: criar desenhos animados e levar alegria às pessoas.
Propósito: produzir filmes animados para o público.

Missão: levar grande alegria ao público produzindo para eles filmes animados comoventes.

Walt Disney é o exemplo perfeito de um homem movido pela paixão. Sua paixão incluía explicitamente levar alegria para os outros, mas, quando amamos algo com muita intensidade, não queremos guardá-lo apenas para nós. Isso seria quase criminoso. Queremos compartilhá-lo com o mundo inteiro. Mesmo que tenhamos medo de nos expor lá fora, a paixão está profundamente entranhada no desejo da nossa alma de se irradiar.

No seu discurso inaugural da Disneylândia, em 17 de julho de 1955, Disney declarou o seguinte: "A todos que vieram a este lugar alegre, sejam bem-vindos. A Disneylândia é sua terra. Aqui, a idade revive ternas lembranças do passado ... e aqui os jovens podem saborear o desafio e a promessa do futuro. A Disneylândia é dedicada aos ideais, aos sonhos e aos fatos reais que criaram os Estados Unidos ... com a esperança de que nosso país seja uma fonte de alegria e inspiração para o mundo inteiro".

Essa é uma declaração de missão. A declaração de Disney é clara como o dia.

Seu sucesso, seu ímpeto irrefreável não é alimentado pelo dinheiro, nem pelo sucesso em si, mas por algo cristalino. Sua paixão. Ela lhe deu uma visão. E o levou adiante, guiando-o em cada passo do caminho ao longo da sua extraordinária jornada. Ele queria causar um impacto – e conseguiu.

Independentemente do caminho que o legado de Disney tomou após sua morte, em 1966, seu impacto continua a se propagar ao longo do tempo.

Precisamos amar o que fazemos. O trabalho que fazemos naquilo que amamos deixa de ser trabalho. É paixão em ação. É alegria. É a realidade do milionário desperto. Os milionários despertos amam o que fazem, e esse amor pode mudar o mundo.

O dinheiro faz com que a missão e o propósito da nossa alma se manifestem. O dinheiro é aliado da alma. Quando amamos o que fazemos, o dinheiro é simplesmente um instrumento para manifestá-lo. Eles formam um relacionamento cíclico no qual um gera o outro. Quando combinados, a missão e o dinheiro podem multiplicar-se, e ambos se tornam exponencialmente maiores.

Esta é a base do milionário desperto.

Este é poder por trás do milionário desperto.

Este é o combustível que impulsiona o milionário desperto.

Capítulo 9

O Esquecido Penney

Decidi parar de acumular e iniciar a tarefa infinitamente mais séria e difícil de fazer uma distribuição sábia.
— ANDREW CARNEGIE

Corria o ano 1902. O cenário era uma pequena cidade em Wyoming com uma população de apenas 3 mil habitantes, em sua maioria mineiros. Eles ganhavam pouco, e o dinheiro que recebiam era deploravelmente gasto nos lugares errados.

Havia 22 bares nessa pequena cidade, dispostos a vender a crédito para esses mineiros que trabalhavam tanto e ganhavam tão pouco. A cidade exibia poucas oportunidades aos olhos de um empreendedor. No entanto, um empreendedor ambicioso tinha uma visão entusiasmada para essa cidade, apesar de todas as cartas estarem marcadas contra ele.

O sr. Penney era um homem muito religioso, criado por um pastor batista que lhe ensinara desde criança a ser autossuficiente. Quando tinha 8 anos, seu pai lhe dissera que ele teria que ganhar seu próprio dinheiro para obter qualquer coisa que quisesse. A autossuficiência foi gravada nele desde uma tenra idade. Essa criação rígida e o treinamento precoce em autossuficiência o tornou sensível às necessidades dos outros.

Na idade adulta, ele era pobre e tinha uma esposa e um filho para sustentar. Mas tinha uma missão. Ele queria abrir uma loja para vender roupas por preços baixos, para que as pessoas da sua cidade pudessem pagar pelas roupas de qualidade que mereciam vestir. Ninguém acreditava que ele pudesse ser bem-sucedido. Todos os donos de negócios, banqueiros e quase todos seus parentes e amigos questionaram sua sanidade mental. Teoricamente, suas chances de sucesso eram desoladoras.

Mas essa era sua paixão, e ele usou essa determinação autossuficiente para chegar até onde conseguisse ir, fosse um império ou um desastre.

Seu nome era J. C. Penney. Sua loja? Se chamava Golden Rule [A Regra de Ouro]: Faça aos outros o que gostaria que fizessem a você. Essa foi a filosofia sobre a qual construiu todo seu modelo de negócios.

Sua primeira loja foi aberta em uma construção de madeira com um só recinto localizada entre uma lavanderia e uma pensão, perto do principal centro comercial da cidade. Ele e sua família moravam no sótão da loja, que era mobiliada com prateleiras feitas com caixotes de madeira.

Ao contrário dos 22 bares e de muitos outros negócios da cidade, ele se recusou a aceitar crédito por razões éticas. Todos achavam que ele estava fadado ao fracasso. No entanto, ele vendeu 466,59 dólares no primeiro dia. No primeiro ano, ele teve um faturamento de 28.898,11 dólares.

Para ele, a Golden Rule representava mais do que uma estratégia de marketing. Era a sua convicção espiritual compartilhada com o mundo. Ela se tornou o credo do seu negócio. Ele insistia em oferecer aos clientes uma mercadoria de qualidade pelo menor preço possível. Ele amava as pessoas, era muito religioso e fazia das pessoas que administravam suas lojas seus sócios, e não seus empregados. A estratégia e a visão funcionaram. As pessoas adoravam isso.

No final de 1912, havia 34 lojas Golden Rule, que juntas vendiam mais de 2 milhões de dólares.

Em 1913, a rede se constituiu em pessoa jurídica, de acordo com as leis do estado de Utah, como J. C. Penney Company, Inc. Penney era contrário ao novo nome. Não gostava que tudo fosse relacionado à seu nome. Porém, o que mais o incomodava nesse nome era que ele ocultava um dos pilares fundadores da sua veemente ascensão ao sucesso.

Ele foi voto vencido entre seus sócios. Ainda assim, Penney, a companhia e o homem, conservaram sua visão espiritual de servir as pessoas.

Em 1913, a declaração de missão da empresa era a seguinte:

a. *Atender ao público da melhor maneira possível visando sua completa satisfação.*
b. *Esperar uma justa remuneração pelo serviço que prestamos e não todo o lucro que o negócio tem potencial para gerar.*
c. *Fazer tudo o que estiver ao nosso alcance para fornecer ao cliente o máximo de valor, qualidade e satisfação pelo seu dinheiro.*
d. *Continuar a treinar a nós mesmos e nossos associados para que o serviço que prestamos seja executado com uma inteligência cada vez maior.*
e. *Melhorar constantemente o fator humano no nosso negócio.*
f. *Recompensar homens e mulheres na nossa organização com participação no que o negócio produz.*
g. *Colocar à prova cada política, método e ato nosso a partir da seguinte pergunta: ele é compatível com o que é correto e justo?*

Penney se opôs a oferecer crédito aos seus clientes até o fim, quando novamente foi vencido em número de votos pelos seus sócios. Penney não queria lucrar à custa do bem-estar dos seus clientes.

Não obstante, a "ideia desastrosa" de negócio de Penney se transformou em uma fortuna pessoal de 40 milhões de dólares – embora seu modelo de negócio não estivesse voltado para o lucro.

Ele dedicou a vida a ajudar os outros, e não apenas com suas lojas. Em 1923, Penney criou uma comunidade agrícola experimental de 50 mil hectares no norte da Flórida chamada Penney Farms. Cerca de 8 mil hectares foram divididos em pequenos lotes onde agricultores esforçados e éticos, mas com problemas financeiros, podiam viver e trabalhar até conseguirem reconstruir suas vidas.

Em 1954, Penney criou outra fundação beneficente, a James C. Penney Foundation, que permanece ativa até hoje. Essa fundação apoia organizações que lidam com questões de revitalização comunitária, meio ambiente e paz mundial.

Os milionários despertos não têm apenas missões. Eles desejam o bem para todos que cruzam seu caminho ao longo de suas jornadas – das pessoas que utilizam seus serviços àquelas que eles contratam.

O dinheiro não apenas flui para os milionários despertos. Ele flui através deles e volta para o mundo. Essa é a parte principal do relacionamento cíclico no qual a alma e o dinheiro produzem mais um do outro.

Penney certa vez disse o seguinte: "Mostre-me um estoquista com uma meta e eu lhe mostrarei um homem que fará história. Mostre-me um homem sem metas e eu lhe mostrarei um estoquista".

J. C. Penney foi um milionário desperto em todos os sentidos. Ele era inflexível em suas convicções, dedicado à sua causa e devotado a uma única entidade. Não ao lucro, não ao seu interesse pessoal, não às demandas dos seus investidores, mas àqueles que ele escolheu servir. Sua missão.

Capítulo 10

Cresça!

Se o dinheiro é sua esperança de independência, você nunca a terá. A única verdadeira segurança que o homem pode alcançar neste mundo é uma reserva de conhecimento, experiência e capacidade.
— HENRY FORD

Cresça!

Esse é o comando interior do milionário desperto.

Para o milionário desperto, crescer é semelhante a respirar. Precisamos respirar para viver. Precisamos crescer para prosperar.

Sem isso, nada que o milionário desperto for capaz de fazer terá impacto prolongado.

Porque não se trata apenas do nosso crescimento pessoal, mas sim da constante mudança do mundo. Não existe nenhuma estagnação na natureza.

Se não crescermos e nos adaptarmos ao mundo, o mundo nos deixará para trás. Seremos abandonados e nos perguntaremos onde foi parar o encanto, querendo saber como ele desapareceu.

Precisamos crescer. Sempre. Eternamente.

Para o milionário desperto, o crescimento é emocionante. É uma vocação intrínseca. É um rito de passagem. É a alma do milionário desperto se alongando para fora e para a frente.

Sentimos uma indescritível realização quando olhamos para trás e vemos a diferença entre nós mesmos agora e um dia atrás, uma semana atrás, um mês atrás, um ano atrás... dez anos atrás. Como o milionário desperto está avançando com uma velocidade especial, o crescimento torna-se instantaneamente visível.

Essa é uma das vantagens de nos tornarmos milionários despertos. O crescimento está embutido na fórmula fundamental que vivemos a cada dia:

Alma + Dinheiro = Mais Alma + Mais Dinheiro.

Essa fórmula é uma expressão de um crescimento puro e inalterado. Quando tudo que fazemos procede de uma posição de pura paixão, propósito e missão, queremos que tudo que fazemos se multiplique e prolifere. Queremos propagar nossos talentos e causar um impacto cada vez maior.

Queremos ascender a um novo patamar. Queremos fazer nossa mensagem chegar a mais pessoas. Queremos que o nosso amor e a nossa paixão transformem aqueles que nos cercam. Queremos ser melhores, fazer coisas melhores... e não apenas permanecermos os mesmos. Queremos crescer. É assim que conseguimos ter impacto.

Isso não vai acontecer por si só, mas o potencial está presente, pronto e aguardando.

Para aproveitar esse potencial, para crescer exponencialmente, precisamos alimentar a alma, para que assim possamos alimentar a missão. É como cuidar de uma planta: precisamos fertilizar o solo onde ela está. Se nossa missão é alimentada por nossas paixões, precisamos alimentar a nós mesmos.

Nós cultivamos o eu, a alma e a nossa paixão. Buscamos novas experiências que nos levem para a frente. Procuramos novos cursos e novas aulas para nos instruirmos. Encontramos tempo para pensar.

Tempo para descansar. Tempo para meditar. Tempo para nos exercitarmos. Tempo para praticar. Tempo para nos divertirmos. Tempo para escutar.

Na verdade, precisamos aproveitar esse tempo para nos aperfeiçoar; tempo para renovação, rejuvenescimento, crescimento, avanço, aprendizado, expansão e outras coisas mais. É o caminho da contínua expansão. Ninguém sabe tudo. O aprendizado persistente e apaixonado é o caminho para uma vida melhor, para mais energia, alegria, amor e entusiasmo.

Quando alimentamos a alma, o crescimento vem naturalmente. É mágico. As mais diferentes coisas acontecem quando alimentamos a alma. E não apenas a nós, na nossa vida pessoal, mas também na nossa missão. Porque as duas estão diretamente conectadas.

Que tipo de crescimento pode acontecer?

Melhoramento

Temos uma vida inteira de melhoramentos para alcançar.

O que é perfeito? Dizemos que existe o círculo perfeito. No entanto, nunca um círculo criado pela humanidade foi perfeito. O único círculo perfeito é o conceito de um círculo perfeito que existe na nossa mente.

Não devemos nos preocupar com o perfeito. Mas podemos, e devemos, melhorar. Já ouvimos falar nos primeiros computadores, da década de 1930.

Eles ocupavam a maior parte das salas e faziam contas básicas de aritmética. Hoje, nós os carregamos no bolso da calça e eles falam conosco, tiram fotos e assim por diante. Às vezes podemos ter vontade de jogar nossos celulares pela janela, mas nossa vida é quase inimaginável sem eles. Isso se deve ao melhoramento. E como sabemos, dadas as infinitas atualizações dos *smartphones*, os melhoramentos não param.

Para a pessoa não iniciada, esse nível interminável de crescimento pode ser intimidante. Uma batalha de crescimento sem fim parece o cenário de um pesadelo.

Na condição de milionários despertos, sorrimos ao pensar nisso, porque nosso crescimento alimenta nossa alma e nos enche de significado. Ele nos confere alegria e propósito.

Até mesmo quando nosso autoaperfeiçoamento nos estica até o limite do desconforto ou expõe desafios interiores que nos fazem ficar assombrados... abraçamos esse desconforto. Abraçamos o assombro porque sabemos que os frutos do nosso trabalho valem cada centímetro do alongamento.

E amamos a jornada.

Porque é divertida.

Porque é emocionante.

Porque é gratificante.

Porque é empoderadora.

Porque queremos fazer a diferença.

Reinvenção

A reinvenção é a mais difícil de todas as formas de crescimento. É a mais desafiante, uma vez que lida com partes nossas que foram profundamente gravadas na nossa mente, nas nossas emoções e na nossa alma.

À primeira vista, parece uma tarefa quase insuperável. Padrões que foram intensificados por anos – ou até mesmo por décadas – geram em nós reações instintivas que surgem instantaneamente. O poder da mente subconsciente.

Mas é aqui que precisamos persistir. Precisamos persistir todas as vezes que o jeito antigo de fazer as coisas tentar defender sua posição e buscar se salvar da extinção.

Precisamos persistir. E seremos recompensados por essa persistência. Existe uma maneira especial de enfrentar situações como esta que podemos extrair das filosofias taoistas nas artes marciais como o Tai Chi Chuan. O Tai Chi Chuan tem uma prática que se chama empurrar as mãos.

Duas pessoas em pé, uma de frente para a outra, em posturas extremamente estáveis, tocam levemente as pontas dos dedos uma da outra. Sua missão é simples: empurrar o outro de maneira a que ele perca o equilíbrio e mova o pé.

Mas isso não é alcançado empurrando, como normalmente pensamos no sentido dessa palavra.

O processo não usa força bruta.

Usa os segredos ocultos no símbolo yin-yang, comum na literatura taoista. Quando nosso parceiro empurra com força, não o enfrentamos com força. Nós nos esvaziamos – o exato oposto. Onde o parceiro espera nossa resistência, oferecemos o vazio, e o próprio ímpeto dele o derruba.

Uma completa transformação, uma vitória natural.

Quando nos reinventamos, não lutamos. Não aplicamos força. Declaramos nossa intenção, nos apoiamos firmemente nos nossos pés, como se raízes estivessem surgindo deles e se enterrando no chão, e balançamos com o vento, com o resto do corpo se movendo sem oferecer resistência às forças à nossa volta, como árvores em uma tempestade.

Isso requer um modo de pensar avançado e um espírito maduro. A regra prática é a seguinte: sempre que você fica perturbado, você se tornou inconsciente. Isso significa que uma convicção oculta foi ativada e você reagiu emocionalmente. É assim que começam as brigas, as guerras e os divórcios, entre outras coisas.

Na condição de milionários despertos, precisamos nos tornar muito atentos aos nossos pensamentos e ao nosso comportamento. Se alguém diz alguma coisa que nos irrita, paramos e examinamos o que foi ativado em nós. A questão não diz respeito à outra pessoa e nem mesmo ao que foi dito, mas sim à reação inconsciente que foi acionada.

A reação mais comum é repelir com o uso da força: você me agrediu? Eu agrido você!

Nós, milionários despertos, não fazemos isso. Nós nos esvaziamos e nos curvamos com o vento. Quando nos esvaziamos, nenhuma força é capaz de nos derrubar porque não estamos presentes para sermos derrubados. Esvazie a si mesmo e será transformado.

Descoberta

A descoberta, a terceira forma de crescimento, é sempre a mais divertida. Olhamos para nós mesmos e perguntamos: o que é possível? Que tipo de milionário desperto seremos?

Embora nenhum milionário desperto seja igual ao outro, estamos unidos por muitas semelhanças. E é a nossa jornada de descobertas que nos transforma nas excepcionais fontes de influência que somos capazes de nos tornar.

Pense em nós na nossa forma bruta. Pense em quanta energia potencial nós temos. Pense no que somos capazes de nos tornar.

Quando nos colocamos nesse lugar, começamos a experimentar como seria ativar as profundezas maiores do nosso potencial. Começamos a sentir como seria o poder. Começamos a enxergar o mundo da maneira como nosso eu mais poderoso veria o mundo – e a sensação é agradável.

Esse é apenas um dos impulsos em direção à descoberta. Por trás dele, há o poder de uma única palavra: curiosidade. Curiosidade com o amanhã. Curiosidade a respeito de como resolver um problema. Curiosidade a respeito de como lucrar com a paixão. Curiosidade a respeito de criar, descobrir, inventar novas maneiras de ser, ver e servir.

Quando um homem não conseguiu um táxi para ir para o aeroporto, ele ficou curioso a respeito de como poderia ser inventado um serviço que atendesse melhor as pessoas que ficavam eternamente esperando por um táxi. Essa curiosidade criou o popular serviço baseado em um aplicativo chamado Uber. Se você precisa de uma corrida, recorra ao aplicativo do Uber, e um motorista estará perto de você em questão de minutos...

Em 2009, um motorista ficou preso fora do seu próprio carro pois havia perdido a chave. Ele transformou seu lamento por sua dificuldade para encontrar objetos perdidos em uma missão e inventou o TrackR, um dispositivo que você coloca nas suas chaves (ou gato, ou qualquer coisa que não queira perder) e que permite monitorá-las com um aplicativo que você baixa no seu celular.

Por trás de cada milionário desperto está o desejo de causar um impacto. O desejo de levar ao mundo o bem, a mudança, a cura, a grandeza e a evolução.

E podemos fazer isso. Mas quanto? Até onde podemos levar nossos poderes para o bem e transformá-los em um impacto tangível?

Tudo depende do que somos capazes de nos tornar. Depende da intensidade com que nos comprometemos com a permanente descoberta. Quanto mais descobrimos a respeito de quem somos e dos poderes que temos, mais impacto podemos causar. E eu sei que a ideia de causar um impacto cada vez mais positivo é suficiente, por si só, para colocar todo milionário desperto em marcha acelerada.

Como podemos crescer sem antes expandir nossos horizontes?

Como podemos ter novas ideias sem uma contínua autoeducação?

Como podemos descobrir o novo neste mundo sem o desejo insaciável de explorar?

Sem o compromisso de autocrescimento do milionário desperto, existe uma probabilidade maior de ficarmos desorientados, perdermos o caminho ou até mesmo nos tornarmos abertos à corrupção.

É muito fácil ceder à tentação quando se trata de dinheiro. Seja aceitando um emprego de que não gostamos, seja passando por cima dos limites da ética ou da legitimidade; estar desesperado por dinheiro costuma levar as pessoas a fazerem coisas das quais se arrependem mais tarde.

Certo homem aceitou a incumbência de ser coautor de um livro para um orador ambicioso. O homem não acreditava nem no livro nem no orador, mas aceitou a tarefa pelo dinheiro, apesar de a sua intuição lhe dizer que deveria rejeitar o convite. Semanas depois, o homem ficou decepcionado, discutiu com o orador e rompeu com ele. Ele também devolveu o dinheiro. Se tivesse seguido o que o seu coração mandava, nunca teria aceitado um trabalho que não estava em harmonia com sua própria missão.

Precisamos ser abertos, nos mostrar dispostos e escutar... na nossa vida pessoal, nos negócios, em casa, nos nossos relacionamentos, com a nossa família. Se fizermos isso, boas coisas surgirão. O crescimento se manifestará.

Mas isso precisa ser fruto da fé, não do medo. Precisamos nos voltar para o crescimento, para a expansão, para a evolução.

Capítulo 11

O Aliado Secreto Interior

> *O dinheiro é a maior invenção da humanidade.*
> *O dinheiro não discrimina. O dinheiro não se importa se*
> *a pessoa é pobre, se a pessoa vem de uma boa família ou*
> *com a cor da sua pele. Qualquer um pode ganhar dinheiro.*
> —Takafumi Horie

A intuição é a nossa arma secreta.

Embora a maioria das pessoas acredite que a racionalidade e o pensamento crítico as fará avançar, o milionário desperto dança em direção aos seus objetivos com o espírito da improvisação intuitiva.

Não acreditamos num caminho único ou no caminho correto. Sabemos que nosso caminho em direção ao sucesso é esculpido a cada instante, somos defensores da adaptação inspirada. Avistamos o pico que nos esforçamos para alcançar.

Vemos os frutos das nossas paixões. Visualizamos o impacto que vamos prenunciar.

Não viajamos às cegas, mas tampouco traçamos mapas definitivos. Não construímos nossos impérios com um manual de instruções, seja ele escrito por nós ou por outras pessoas. Não existe nenhuma alma no caminho certo e definitivo. Não existe espírito no caminho único. Não há aventura em um caminho planejado.

A aventura não consiste apenas na alegria que ela proporciona. A aventura é a personificação da dança intuitiva, do pioneirismo flexível, da improvisação inspirada.

Não ficamos paralisados pela necessidade de fazer escolhas constantes? Precisamos em cada encruzilhada nos sentar e pesar os prós e os contras?

Não. Os milionários despertos têm uma luz interior que os orienta. Como a jornada do milionário desperto começa com uma paixão, essa paixão funciona como um farol em nós. Ela contém todas as respostas que precisamos quando estas não estão visíveis no mundo exterior.

Ter esse centro de base interior torna os milionários despertos campeões de velocidade. A alma gosta de velocidade. O dinheiro gosta de velocidade.

A expressão "seguir o fluxo" subestima essa ideia. "Vicejar no fluxo" a expressa de forma mais apropriada. O fluxo é constante. A velocidade é inspirada, e é por meio do improviso intuitivo que fazemos a nossa improvisação.

Embora considerar e refletir sejam atitudes importantes, elas não são usadas nos momentos de indecisão. Elas são aplicadas durante o movimento. Quando o momento da decisão chega, quando a encruzilhada se apresenta, nossa intuição já pesou conscientemente as opções, compreendeu subconscientemente as implicações e tomou sua decisão de forma supraconsciente.

Observe uma lista de ideias potenciais e uma se destacará. É a sua intuição o guiando. Sente-se tranquilamente, presente naquele momento, e deixe que sua mente divague. Uma ideia surgirá. É a sua intuição ajudando-o. Mantenha sua paixão por perto e observe o mundo. Soluções e oportunidades parecerão se desfolhar diante de você. É a sua intuição inspirando-o.

A intuição é nada mais que o tomador de decisões interior que tem um ponto de vista mais amplo do que a nossa mente pensante consciente. Nossa mente consciente nos retardará. Em um mundo que venera o rigor do pensamento consciente, isso pode parecer uma rejeição do que é sensato, até mesmo do que nós fundamentalmente somos.

Mas este é um fenômeno relativamente novo no Ocidente. Em novas e antigas tradições nas regiões remotas do mundo, há muito tempo a intuição é o guia, e nós somos sua descendência. Um número excessivo de pessoas cultua o intelecto sem compreender que o intelecto não está sempre certo. O intelecto se baseia em um conhecimento limitado que está disponível para ele. Ele não é capaz de ter acesso a todas as opções disponíveis para tomar qualquer decisão ou satisfazer qualquer desejo.

Aqueles que acreditam que sabem pouco a respeito da sua intuição quando se lançam nesse caminho inspirado estão absolutamente enganados. Nossa intuição está viva, bem e ativa desde os primeiros momentos em que tomamos decisões. Temos apenas que escutar. Essa é uma das razões pelas quais precisamos dedicar tempo para melhorar, descansar, meditar e pensar, porque assim poderemos ouvir o que nossa alma tem a nos dizer.

Não estou dizendo que simplesmente não devemos mais pensar nas opções ou pesá-las. De um ponto de vista mais holístico, a intuição é compreendida como a tomadora de decisões superabrangente. Nossas intuições consultam cada uma de nossas fibras, desde o que está dentro de nós às antenas invisíveis que temos e que interpretam nosso ambiente a cada momento em que estamos despertos. A intuição é o órgão governante que decide o caminho do milionário desperto. A improvisação é a expressão das decisões da nossa intuição.

Quando estamos em um estado de ação, nossos espíritos de improvisação nos mostram o que nos desloca para onde, que palavras são faladas e que visão é abraçada. É um transe consciente. É um progresso iluminado.

Impérios foram construídos sobre os ombros da intuição. Famosos empreendedores, investidores e líderes deixaram que sua intuição tivesse a última palavra. Muitas vezes, meses de pesquisa, cuidadosas considerações e tomadas de decisão lógicas são inutilizadas no último minuto por causa de um palpite intuitivo que rejeita toda a ideia.

Dois músicos de *jazz* se sentam juntos com seus instrumentos, um contrabaixo e um piano. Eles não têm uma partitura. Não têm um plano. Não têm um roteiro rígido. Eles começam uma conversa de improviso. Nos momentos mais despertos e inspirados dessa música improvisada, vemos um fenômeno curioso e impressionante.

Exatamente no mesmo momento, o ritmo do baixo e o ritmo do piano mudam radicalmente em uma harmonia sincrônica. Não há partitura. Não há roteiro. Não existe nenhuma explicação lógica de como um músico iria conhecer as extravagâncias improvisadas do outro. Não existe nenhuma lógica para explicar como essas duas pessoas, com as suas peculiaridades e tendências individuais, estão entrelaçadas em uma articulação tão perfeita de intuição compartilhada.

A música que surge não é reativa, é recíproca. A conversa paira entre um diálogo e um monólogo compartilhados.

Não sei como isso acontece; só sei que acontece. E é a expressão da nossa intuição estendendo-se além de nós mesmos, formando os caminhos afinados que seguiremos e as decisões inspiradas que tomaremos.

Até mesmo a conversa do dia a dia se baseia na confiança e na improvisação. Quando você fala com uma pessoa durante o almoço, precisa ouvir e responder. Não há um roteiro. As palavras dela ativam as suas palavras. Suas palavras ativam as palavras dela. Onde está o roteiro? Se você é capaz de sobreviver a uma conversa durante o almoço, por que não sobreviveria a um dia de improvisação a cada instante?

Quando seguimos nossa intuição, seguimos a pureza da nossa alma, pois não há maior expressão da forma intrínseca e da evolução da nossa alma do que a nossa intuição.

Não nos conectamos com a nossa amplitude completa de poderes intuitivos tentando ativá-los. Entramos em contato com esses poderes relaxando e nos entregando ao fluxo. Não precisamos buscar. Precisamos apenas estar presentes. Nossa intuição fará o resto.

No entanto, existem maneiras de amplificar nossa conexão com nossa intuição. Nossa intuição viceja com a confiança e a convicção, porque nesses estados encontramos uma estabilidade e um silêncio plenos de coragem. Quando tomamos decisões corajosas, assumimos riscos corajosos e acrescentamos o espírito de aventura, nossa intuição ganha poder para se estender mais, se ativar com mais facilidade e fluir naturalmente ao longo das curvas da nossa vida.

Quebre suas rotinas, e sua intuição entra em ação. Altere sua rota, e o fluxo entra em ação. Mobilize seus cinco sentidos, e seu guia interior demonstra entusiasmo.

No entanto, talvez mais do que qualquer outra coisa, a ativação mais produtiva ocorre quando simplesmente damos um passo, com um pé diante do outro, sem pensar para onde estamos indo ou de que maneira estamos avançando. Se você adiciona uma intenção, como a de ser um milionário desperto, então o radar no seu cérebro se ativa e sua intuição procura tudo o que é relevante para sua meta.

Nossa intuição entra em ação porque estamos deliberadamente desprovidos de uma orientação excessivamente restritiva. Não temos ideias para moldar nosso próximo passo, de modo que nossa intuição preenche o vazio e viceja.

Isso pode se parecer um pouco com fechar os olhos e saltar de um penhasco. A comparação não é de todo incorreta – mas por certo supera a estagnação.

Vivemos corajosa e valentemente. Corremos riscos. E agimos com rapidez, sem hesitação. Não podemos ter sucesso como milionários despertos se não tivermos coragem de enfrentar desafios extravagantes. Faça o que ninguém mais faria. O que os outros consideram absurdo ou perigoso.

Não poderemos ter sucesso como milionários despertos se não caminharmos com coragem e se não agirmos ruidosamente.

Não poderemos ter sucesso como milionários despertos se não agirmos com rapidez e coerência.

Para o milionário desperto, tudo faz parte dos riscos que vale a pena correr.

Nunca deixe que aqueles que não compreendem o atrapalhem. Se eles soubessem o que sabemos, eles estariam bem ali, ao nosso lado. Mas não podemos julgar aqueles que ainda não estão ali e certamente não podemos deixar que eles nos retardem. Seja corajoso. Seja valente. Corra riscos. E jamais hesite.

Escute a si mesmo. Se você olhar em volta, verá muitas pessoas oferecendo guias passo a passo, esta maneira certa ou aquela maneira certa. Não há nada errado com isso, mas coisas assim geralmente só arranham a superfície.

Não descobrimos como converter a paixão em lucro por meio de um simples *brainstorming*. Mas os milionários despertos potencializam sua arma secreta: a intuição. As respostas que buscamos estão escondidas na nossa mente, na nossa alma e nas nossas entranhas.

Capítulo 12

O Único Propósito do Dinheiro

*Se você trabalhar apenas pelo dinheiro, nunca o terá,
mas se gostar do que faz e colocar sempre
o cliente em primeiro lugar, alcançará o sucesso.*

– Ray Kroc

Arnold Patent escreveu o seguinte no seu livro *Money*: "O único propósito do dinheiro é expressar reconhecimento".

Reconhecimento. Gratidão.

Ideias simples que não deveríamos reservar apenas para os feriados nacionais. E se o reconhecimento não nutrisse apenas a alma? E se ele fosse uma ferramenta essencial para o milionário desperto?

Temos que sentir gratidão por todas as coisas. Precisamos reconhecer as numerosas bênçãos que prezamos muito, quer sejam nossa família, nossos amigos, nosso tempo, nossas paixões, nossa comunidade, nosso lar e o fato de nos alimentarmos e de nos vestirmos. Nós sabemos disso, mesmo que não pratiquemos esse reconhecimento no dia a dia.

Por mais estranho que possa parecer, o dinheiro tem sido acusado de ser um assassino do reconhecimento. Às vezes, lutamos arduamente para ganhar dinheiro, mas o vemos ir rapidamente embora logo depois, no amontoado de contas que precisamos pagar, nas dívidas que contraímos, na hipoteca, nas contas de luz e gás, nas compras do supermercado – é como se o dinheiro fosse um piadista insensível brincando com a nossa infelicidade.

O dinheiro... um piadista?

O dinheiro... com uma personalidade?

Nós, na condição de milionários despertos, sabemos que isso não é real. No entanto, esse derramamento de dinheiro para financiar nossa sobrevivência parece ser uma das maiores fontes das nossas frustrações. No entanto, e se houver uma nova perspectiva esperando para ser notada?

E se as contas mensais encerrassem um segredo para que ganhássemos ainda mais dinheiro? "O único propósito do dinheiro é expressar reconhecimento." O que isso significa? Que devemos beijar, agradecidos, cada conta que recebermos pelo correio? Que devemos escrever "obrigado!" em cada cheque que enviarmos? Que devemos enviar flores para o governo por nos cobrar impostos?

Essas ideias são absurdas para a maioria das pessoas mas, para o milionário desperto, são uma ferramenta oculta para a prosperidade.

Quando enviamos dinheiro para a companhia de gás, a empresa de telefonia ou para o banco que financiou nossa casa, estamos na verdade expressando reconhecimento pela abundância na qual vivemos diariamente. Temos um teto sobre a nossa cabeça. Sejamos gratos. Temos um telefone que nos permite estar próximos dos nossos amigos e da nossa família. Sejamos gratos. Temos um carro para nos levar aonde quer que queiramos ir, a qualquer momento. Sejamos gratos. Temos um diploma de nível superior que nos transformou. Sejamos gratos. O único propósito do dinheiro é expressar reconhecimento, e cada conta que pagamos é uma oportunidade para expressar reconhecimento pelo que temos.

No entanto, essa não é uma perspectiva do tipo copo meio vazio *versus* copo meio cheio. Isso nem mesmo arranha o poder que se esconde na positividade do reconhecimento. Essa é a diferença entre o *mindset* de escassez e o *mindset* de abundância. Essa é a diferença entre o *mindset* de vítima e o *mindset* desperto. Só quando deixamos para trás os *mindsets* de escassez, de pobreza e de vítima enxergamos uma verdade surpreendente.

Envolvidos nesses *mindsets*, temos irradiado sinais bem-definidos de que não apreciamos o dinheiro, não respeitamos o dinheiro e não compreendemos o dinheiro. O dinheiro então vai para outro lugar. Quer esteja irradiando a vibração dos *mindsets* de escassez, de pobreza e de vítima para o Universo ou simplesmente para a nossa mente subconsciente, isso é o suficiente para esmagar qualquer possibilidade de despertar a abundância.

Enquanto pensarmos – consciente ou inconscientemente – que o dinheiro é mau, nocivo ou escasso, atrairemos para a nossa percepção provas da nossa convicção. Uma pessoa acredita em teorias de conspiração, e certo dia seu computador é atacado por um vírus; com isso, gasta uma fortuna para removê-lo. Certa pessoa acredita que ninguém é confiável, e um dia seu empregador a demite. Certa pessoa acredita que o dinheiro corrompe, e um dia seu sócio rouba os seus clientes.

A gratidão e o reconhecimento removem naturalmente essas vibrações malignas de dentro de nós. Quando expressamos gratidão, nos abrimos para receber mais, obter mais, ganhar mais e fazer mais. Estamos dizendo a cada aspecto de nós mesmos, e a tudo que encontramos, que estamos prontos. Estamos prontos para receber porque reconhecemos o que recebemos.

E não apenas que estamos prontos para receber, mas também que estamos prontos para dar. Isso é fundamental.

Receber é tão importante quanto dar; de que outra maneira o dinheiro chegará até você? Sem que você reconheça o seu valor, ou o serviço que prestou, o dinheiro não chegará até você. E quando isso acontece, você precisa reconhecê-lo para que ele fique.

Esse é o fluxo cíclico do dinheiro.

O dinheiro está circulando à nossa volta o tempo todo. Não faltam oportunidades para que possamos aproveitar esse fluxo. Nesse momento, apenas nos Estados Unidos, mais de 1 trilhão de dólares estão circulando entre nós. Um trilhão de dólares em papel e moedas, dinheiro que poderíamos colocar no bolso, e precisamos compreender que ele virá para nós se permanecermos abertos para ele.

Vivemos realmente em um mundo no qual o dinheiro só vai para aqueles que são espertos o bastante para trazer uma parcela para si mesmos? Trata-se realmente apenas de saber como jogar o jogo e avançar? É claro que não. Essa é uma maneira antiquada de encarar a nossa economia.

Um exemplo simples é a nossa preferência por um determinado restaurante. Embora haja muitos restaurantes na vizinhança, sempre acabamos voltando àquele. Por quê? Em parte por causa da comida deliciosa (italiana, é claro) e em parte por causa do preço.

No entanto, muitas vezes são as razões intangíveis que nos tornam clientes leais, que nos fazem querer ir a esse restaurante e oferecer a ele parte da nossa fatia do trilhão de dólares.

Essa razão intangível é com frequência alguma forma de reconhecimento que sentimos que se irradia do garçom ou do dono. Sentimos que somos apreciados quando entramos lá. Sentimos isso na maneira como eles falam conosco, no jeito como interagem conosco, na forma que nos tratam como clientes leais ou até mesmo amigos. Sentimos o cuidado com o detalhe. As flores na mesa, a vela acesa, a bala de menta que vem junto com a conta. A atração desse reconhecimento é inegável. Nós voltamos para receber mais.

Esse é um sinal de uma nova economia que surgiu depois das nossas calamitosas recessões e das lutas que vivemos como sociedade a partir da virada do milênio. Em meio a todas as lutas e dificuldades, vemos novas tendências na maneira como as pessoas querem interagir com os negócios. Vemos um aumento de negócios independentes nos Estados Unidos. A combinação dessas coisas – uma mudança na interação e um aumento no número de empreendedores independentes – é uma excelente base para o milionário desperto.

É como se as dificuldades econômicas apenas fortalecessem a determinação desses novos empreendedores que estão em sintonia com as oportunidades que veem em toda parte, oportunidades que estão sentadas aguardando para serem patrocinadas. Esses são os empreendedores que criaram empresas quando todos os advertiram para que não fizessem isso. São os empreendedores que vicejaram com base em uma convicção de que a autoconfiança e o envolvimento com a comunidade eram o caminho para a prosperidade.

Examinemos o caso das livrarias. Durante a maior parte do século XX, as livrarias e bibliotecas independentes eram a forma predominante de compartilhamento do conhecimento. Ainda não havia megalojas. Não havia gigantes da Internet.

Mas eles chegaram. A Barnes & Noble fez com que as pequenas livrarias de bairro que existiam havia várias gerações fechassem as portas. Barnes & Noble... a gigante imbatível. Mas surgiu a Amazon, que obrigou muitas lojas da Barnes & Noble a fecharem as portas. Temos que admitir que é bem mais fácil simplesmente comprar o livro *on-line*.

Depois, essa nova economia de empreendedores ambiciosos, autoconfiantes e com iniciativa começou a emergir. Agora, você vê a inauguração de livrarias no seu bairro. Além disso, elas também têm uma cafeteria dentro da loja. E preparam um excelente *cappuccino*.

De repente, parece uma novidade entrar em uma delas e passar meia hora bebericando um café, folheando um livro que despertou nossa curiosidade e conversando com um desconhecido a respeito desse livro.

Em uma era de conveniência, como vemos com a Internet, estamos presenciando movimentos para trazer de volta a experiência da vida real para nossas comunidades. O toque humano. O calor da realidade. Essa é a economia de primeira classe para o milionário desperto.

A oportunidade, o apoio, os recursos para os empreendedores com iniciativa nunca estiveram melhores do que neste momento. Nós, enquanto comunidade global, estamos gradualmente expressando e sustentando o desejo de nos conectarmos mais. Nosso mundo está em constante transformação, em permanente evolução. A mudança é inevitável – e o milionário desperto se adapta.

Não podemos nos tornar fatalistas, falando sobre um mundo decadente com oportunidades declinantes. Não podemos nos envolver em conversas sobre a perda da alma da humanidade. Não podemos sucumbir a uma mentalidade apocalíptica sobre a ideia de grandes e malignas corporações nos possuírem para sempre. Não podemos ser vítimas dos tempos ou das circunstâncias.

Temos que enxergar além dessas perturbações e concentrar-nos no aqui e agora. Temos que expressar nossa gratidão pelo que temos e deixar que isso nos direcione para as oportunidades que estão bem diante de nós. Na condição de milionários despertos, temos que levar soluções para o mundo. Temos que levar oportunidades para o mundo. Para fazer isso, temos que canalizar nossa autoconfiança para agarrar a oportunidade que já está lá, esperando por nós.

Capítulo 13

Esqueça as Vendas, Comece a Compartilhar

Primeiro as pessoas, depois o dinheiro, e finalmente as coisas.
— SUZE ORMAN

Para J. C. Penney, nenhuma das condições para um negócio lucrativo clássico estava presente. A não ser na mente dele. Ele não tinha vantagens que pudessem fazê-lo avançar, a não ser a sua paixão por melhorar a vida das pessoas da sua comunidade. Ele sabia que elas mereciam mais, que concordariam e que se beneficiariam do que ele iria oferecer.

As pessoas batalhadoras de Kemmerer, Wyoming, entravam na loja Golden Rule e viam roupas elegantes e de boa qualidade. Em vez de se sentirem derrotadas, darem meia-volta e saírem, as pessoas podiam examinar as roupas para decidir o que comprar. Elas sentiam confiança de que poderiam pagar pelo que estava diante delas. Isso era empoderador. Isso as deixava orgulhosas. Vestir aquelas roupas mudava a maneira como as pessoas se sentiam quando andavam pela rua.

O mais extraordinário é que isso não parava naquilo que as pessoas podiam comprar e em como isso afetava a maneira como se sentiam. Os funcionários também eram beneficiados. O seu envolvimento direto nos negócios os tornava entusiásticos, confiantes e empoderados – todas as qualidades que os clientes desejavam para si mesmos. Isso criava um relacionamento positivo entre os clientes e os vendedores.

Esse é o grande poder do modelo de negócio de Penney. Ele criou uma experiência intensamente positiva para as pessoas em ambos os lados: o lado comprador e o lado vendedor.

Temos um produto, temos um serviço. Uma coisa boa. É aí que começa a jornada de todo empreendedor. Precisamos fazer esse incrível produto ou serviço chegar às mãos das pessoas certas, aquelas que serão mais beneficiadas por ele.

Se não providenciarmos as vendas e a promoção do produto ou serviço, nosso negócio permanecerá no porão, junto com todas as nossas boas intenções irrealizadas. Fazer negócio significa vender. Precisamos vender.

Vender.

Um conceito percebido como detentor de qualidades demoníacas quase tão terríveis quanto as do próprio dinheiro.

Particularmente para as pessoas inclinadas à espiritualidade. Muitas delas acreditam que:

Vender é desprezível.
Vender é enganoso.
Vender é desonesto.
Vender é manipulativo.
Vender é artificial.
Vender é feio.
Vender certamente não é nobre.

Essas declarações com muita frequência são verdadeiras.

Há indivíduos que abusaram de maneira desprezível da sua habilidade em vendas para enganar e apoderar-se do dinheiro das pessoas. Há aqueles que se aproveitaram dos desesperados para obter um benefício financeiro. Há pessoas que vendem sem compaixão, sem entendimento, sem sensibilidade e sem visão. Há pessoas que mentem, enganam e roubam para influenciar a venda. Há pessoas que mudam os limites das regras para fechar uma venda.

As vendas não são inerentemente insinceras? Elas não contaminam as partes da nossa alma dedicadas à missão de doar? Doar não é em si a suprema expressão do bem, e a venda uma prima corrompida dela? As vendas não contaminam nossa paixão, mancham nosso propósito e sabotam nossa missão?

Não. Não é assim que funciona. O milionário desperto conhece a verdadeira natureza dos negócios.

Fazer negócio é compartilhar.

Examine todos os aspectos do DNA do milionário desperto – paixão, propósito, missão, intuição, inspiração, espiritualidade e ética. O milionário desperto quer fazer todas as coisas acontecerem, lançá-las no mundo e compartilhá-las.

Vender, divulgar, promover – isso é negociar. É por intermédio dos negócios que compartilhamos nós mesmos, nossa paixão e nossos produtos ou serviços com as pessoas que serão beneficiadas por eles. É assim que manifestamos nossa missão, é assim que a tornamos real.

Alma + Negócio = Compartilhar

Precisamos saber quem irá se beneficiar e onde encontrar essas pessoas. Precisamos saber como entrar em contato com elas, o que comunicar a essas pessoas. Precisamos saber como vender.

Poderíamos abordar desconhecidos na rua e gritar: "Posso fazer você feliz!", e eles simplesmente não nos dariam atenção, achando que somos almas desorientadas em busca de dinheiro. Não faria diferença o bem que pudéssemos ter nas mãos. Não importaria que pudéssemos ou não, de fato, salvar suas vidas. Gritar para eles na esperança de que compreendam imediatamente quanto podemos ser valiosos para eles é muito ineficaz.

Hesitar e vacilar durante uma venda é igualmente ineficaz. As pessoas desconfiam da falta de confiança. Se não conseguimos ser convincentes, elas partem do princípio de que deve haver algo errado com o produto.

Vivemos em um mundo repleto de distrações, de frenética atividade, com as pessoas tentando atrair nossa atenção, nosso interesse e nossos desejos. Nossos sentidos estão sobrecarregados com estímulos. Há pouco espaço para a comunicação em um mundo com tanto ruído.

Então, como falamos com elas? Como comunicamos o benefício que oferecemos a elas? Precisamos falar a partir do coração, da alma, do ponto de paixão, com um verdadeiro entendimento e empatia pelas pessoas que servimos – nossos clientes.

Poucos enfatizaram isso melhor do que autores como Dale Carnegie. Sua obra-prima de 1936, *Como Fazer Amigos e Influenciar Pessoas*, é ainda hoje um clássico. Seu foco na outra pessoa, não em nós, detém a chave para como um milionário desperto pensa e se comporta. Tudo consiste em compreender e servir a outra pessoa, não a nós mesmos. Como consequência de servirmos os outros, seremos servidos. Ele escreveu: "O sucesso de lidar com as pessoas depende da compreensão solidária do ponto de vista da outra pessoa". Ele também escreveu: "Lembre-se de que as outras pessoas podem estar completamente erradas. Mas elas não pensam assim. Não as condene. Qualquer idiota pode fazer isso. Procure compreendê-las".

Zig Ziglar, o famoso autor e professor de vendas, também apontou nessa direção quando declarou: "Você pode ter tudo o que deseja na vida se simplesmente ajudar um número suficiente de pessoas a obter o que desejam".

Os melhores redatores de publicidade sabem disso. Como escrevi no meu livro *Hypnotic Writing*, "saia do seu ego e entre no ego do outro". Focalize o que você escrever ou falar no que a outra pessoa vai receber, não no que você está vendendo ou oferecendo.

Nós não dizermos: "Tenho a melhor solução de todos os tempos. Meu produto contém esta e aquela característica que derruba todos os outros. Meu produto vai mudar a maneira como o mundo gira". Esse tipo de coisa acontece com a mesma frequência com que a roda é reinventada.

Nós dizemos algo diferente. Dizemos: "Você tem um problema. Ele afeta você da seguinte maneira, prejudica a sua vida da seguinte maneira. Ele o refreia deste modo, e eu tenho a solução. Ele não apenas resolverá seu problema como também deixará você feliz. Ele lhe proporcionará uma vida melhor e trará mais realização no que você fizer".

Bruce Barton, cofundador da BBDO, a gigantesca agência de publicidade, explicou a diferença entre vender gasolina e vender sonhos quando disse que vender gasolina era vender um produto, mas vender o sonho final de poder sair de férias ou deslocar-se para o trabalho por causa da gasolina no tanque do carro significava vender o benefício.

É a diferença entre dizer "eis um computador com uma configuração de alta velocidade" (uma característica) e "eis um computador que possibilitará que você execute seu trabalho com mais eficiência" (benefício). Focalize sempre os benefícios.

Nós não falamos apenas para a mente racional das pessoas. Falamos para a sua essência emocional, para os seus interesses, desejos e problemas mais profundos. Ressoamos com a sua natureza mais íntima.

Fazemos isso renunciando a nós mesmos. Indo além dos nossos desejos pessoais. Nossos motivos precisam brotar das necessidades e dos desejos dos nossos clientes.

Se falarmos com integridade, sinceridade, paixão e com o compromisso de fazer diferença na vida deles, veremos o lado nobre das vendas.

Não devemos nos esquecer de que todos nós somos pessoas perspicazes. Pensamos por nós mesmos. Fazemos avaliações inteligentes. Examinamos as opções e todos temos um bom medidor intuitivo que nos diz quando alguma coisa é apropriada ou quando está incorreta e vai contra os nossos interesses.

É claro que existem ocasiões em que, nos nossos momentos mais desesperados, nos agarramos a qualquer solução que ofereça mesmo que uma remota possibilidade de nos salvar. Mas se nós, enquanto milionários despertos, expusermos claramente nossa integridade, se falarmos com respeito e dignidade, nunca precisaremos nos preocupar com o lado sombrio das vendas e da persuasão. A autenticidade inerente que você externa estará presente na sua comunicação e impressionará o observador autêntico no seu cliente.

Precisamos ser defensores da nossa paixão e do nosso produto. Precisamos acreditar que estamos fornecendo um valor transcendente para nosso cliente, porque, se não estivermos, teremos que dar um passo atrás e reavaliar o que estamos fazendo. Se estivermos extraindo a potencialidade máxima de nossa paixão, nosso propósito e nossa missão, é o caso de fazermos justiça a isso. Precisamos fazer com que nossos produtos cheguem às mãos certas e não devemos deixar que o medo de persuadir e o medo de vender atrapalhem a nossa vida. Estamos no negócio de compartilhar.

Capítulo 14

Quanto é o Suficiente?

*Tenho todo o dinheiro de que preciso se
eu morrer às quatro horas.*
– Henny Youngman

Quanto é o suficiente?

Em algum momento, o milionário desperto precisa começar a lidar com a ideia de escassez *versus* abundância. Na antiga visão de mundo, é a escassez que motiva as pessoas. Elas trabalham para pagar as contas. E isso é sempre um desafio por causa dos problemas com convicções a respeito de dinheiro, sucesso e merecimento. Raramente alguém ao longo da vida para de lutar para chegar a um lugar em que confie o bastante para descansar – a maioria tem que continuar a trabalhar.

Na nova visão de mundo, existe mais do que o suficiente. Há abundância. É basicamente o mesmo mundo, mas o milionário desperto enxerga oportunidades onde antes não via nenhuma. Ele compreende que o dinheiro, de uma forma ou de outra, está disponível para todos. O dinheiro não precisa ser governado, restringido ou distribuído. Ele está disponível, e a maneira como você pode lucrar e receber sua parcela é seguindo sua paixão.

Mas qual é a parcela de que você precisa? Quanto é o suficiente? Você para de receber dinheiro quando atinge uma quantia específica? Você para de trabalhar quando realiza um determinado sonho?

O milionário desperto compreende que não existe um número conclusivo ou um prazo final para a paixão. Desde que o dinheiro entre, ele o recebe e passa a administrá-lo. Enquanto a paixão pulsar através das suas veias, continuará a fazer o trabalho que para ele é como uma brincadeira divertida.

Enquanto as pessoas estiverem dispostas a pagar pelo serviço ou produto que o milionário desperto oferece, receber esse dinheiro é o desenlace adequado. Poucas pessoas respeitam qualquer coisa que lhes seja dada de graça, de modo que continuar a cobrar e lucrar é o caminho para um negócio correto. Não há dúvida de que o milionário desperto pode às vezes oferecer um serviço gratuito. Mas ele não é oferecido como uma maneira de retribuir, pois o milionário desperto sabe que não tomou nada para ter que retribuir! Quando ele dá alguma coisa, ele o faz com o coração aberto e a disposição de compartilhar em determinadas situações.

Mas e os gastos? E a compra de coisas? O milionário desperto sabe que gastar e comprar são maneiras de manter a economia em movimento e proporcionar trabalho para todos. Quando qualquer pessoa compra uma refeição, ela está contribuindo para cerca de setenta pessoas que ajudaram a prepará-la. Não apenas o dono do restaurante, mas todos os que tiveram alguma participação, como os funcionários do restaurante, o cozinheiro, os agricultores e os motoristas que ajudaram a levar os alimentos até o lugar onde a refeição seria preparada. Um jantar se torna um estímulo para a economia – e o mesmo vale para todas as outras compras.

Doar tampouco tem limites. Doar é bom para a alma de quem dá e pode mudar a vida de quem recebe. Sem as doações de magnatas como Andrew Carnegie, algumas bibliotecas poderiam nunca ter existido para despertar a vida de milhões de pessoas. Sem a doação de outros, iniciativas movidas por boas causas talvez nunca tivessem sido criadas.

Programas como o Kickstarter, uma maneira *on-line* de obter recursos financeiros para projetos individuais por meio do *crowdsourcing*, são a nova onda. Uma pessoa comum, talvez sem instrução, experiência ou recursos suficientes, posta um pedido no Kickstarter. Ela conta sua história, pede dinheiro e oferece alguma coisa em troca, como um álbum assinado. O público responde e doa dinheiro. As pessoas que promovem o Kickstarter recebem uma percentagem do negócio. É uma situação do tipo ganha-ganha-ganha. A pessoa em busca de recursos obtém dinheiro, as pessoas que estão fornecendo os recursos recebem alguma coisa por ajudar e o Kickstarter obtém um lucro. Ninguém deve colocar um teto no que a empresa deve lucrar em decorrência desse serviço espetacular.

As pessoas muitas vezes me dizem que acham que eu deveria oferecer tudo de graça. Elas parecem não compreender que o que estão pedindo revela suas convicções limitantes a respeito do dinheiro. Ou que suas convicções limitantes são exatamente o motivo pelo qual elas estão com dificuldades e querendo que tudo lhes seja dado de graça. Afinal de contas, quando ofereço um programa como "The Zero Point" [O Ponto Zero] e cobro por ele, faço isso porque gastei dinheiro para criá-lo.

O fato é que as pessoas envolvidas querem ser pagas.

- ▶ Os engenheiros de áudio querem ser pagos.
- ▶ Os artistas gráficos querem ser pagos.
- ▶ As operadoras de cartão de crédito querem ser pagas.
- ▶ Os fabricantes querem ser pagos.
- ▶ Os atacadistas querem ser pagos.
- ▶ As transportadoras querem ser pagas.
- ▶ Minha equipe quer ser paga.

E por que eles querem ser pagos? Pela mesma razão que você: porque eles também têm contas para pagar.

Por conseguinte, você acha que é razoável pedir que um programa como "The Zero Point" (www.thezeropoint.info) seja enviado para você sem que nada seja pedido em troca? Isso faz sentido? É justo? Além disso, a maioria das pessoas não dá valor ao que lhes é dado de graça.

Eu dou de graça meu livro *Attract Money Now* em www.attractmoneynow.com. Você o leu? Implementou os sete passos que ele determina? Seja sincero.

Eu também ofereço de graça *os três volumes* de *The Miracles Manual* (www. miraclesmanual.com).

Você fez o *download* deles? Você os leu? Implementou o que leu? Diga a verdade.

Se você está realmente empenhado em fazer diferença na sua vida, pare de pedir coisas de graça e invista no seu despertar.

Sempre haverá quem critique. Algumas pessoas dirão que o milionário desperto tem demais. Sem dúvida, os críticos dirão isso de qualquer pessoa que tenha mais do que eles. Na verdade, qualquer um pode atrair qualquer quantia que deseje e distribuí-la como quiser. O único teto que existe para a renda é o mental. O único limite que há para gastar, poupar ou doar é o limite mental. O milionário desperto precisa estar em harmonia com a sua própria paz de espírito, não com a paz de espírito de quem o critica.

Se seguirmos a paixão, o lucro virá; ao compartilhar o lucro como desejamos, criaremos o equilíbrio no mundo. Como essa fórmula não está limitada a nenhuma pessoa ou nenhum grupo de pessoas, todos podem entender os conceitos básicos do estilo de vida do milionário desperto e fazer com o seu dinheiro o que bem entender. Depois, em vez de condenar aqueles que têm, eles podem corrigir seu relacionamento com o dinheiro e tornar-se também milionários despertos.

Nunca há riqueza em excesso; existe apenas uma conscientização insuficiente sobre a maneira de receber e distribuir o fluxo que entra.

Capítulo 15

Nunca Fracasse Novamente

Jamais confunda o tamanho do seu contracheque com o tamanho do seu talento.

– MARLON BRANDO

Eis outra pauta secreta que trabalha nos bastidores, deturpando nosso entendimento e nosso relacionamento com os negócios e as vendas. Temos que ficar frente a frente com ela, ou não vamos avançar. É o nosso medo de inadequação, valor próprio e fracasso.

Assim como acontece com os conceitos de dinheiro e vendas, o milionário desperto encara o fracasso de uma maneira simples, contraintuitiva e totalmente diferente da maioria das pessoas.

Qual é o medo mais profundo e sombrio de todo empreendedor? Colocamos nosso produto à venda e ninguém o compra. Pensamos então que a missão não tem valor. Nosso valor próprio era uma ilusão. Simplesmente fracassamos.

Colocamos nosso produto à venda e depois vemos outro que é inquietantemente semelhante. Achamos então que a concorrência é excessiva. Como poderemos competir com tanta gente?

Colocamos nosso produto à venda, as pessoas o compram, mas recebemos muitas reclamações. Novamente, nós fracassamos. Certamente cometemos um erro.

Mas nós não fracassamos.

O fracasso não faz parte do vocabulário dos milionários despertos. Não existe uma coisa chamada fracasso; existe apenas o *feedback*.

O *feedback* é algo lindo para o milionário desperto. Quer ele se apresente na forma de clientes felizes, de um silêncio ensurdecedor ou de um barulho dissonante, tudo é *feedback*.

O milionário desperto acolhe de modo favorável todo tipo de *feedback* porque essa é a via de acesso para a oportunidade.

Feedback = Oportunidade

A vida é um grande livro do tipo "escolha sua própria aventura".* Em nenhuma situação isso é mais óbvio do que quando examinamos a maneira como cada um de nós reage ao fracasso. As escolhas que fazemos nos momentos de fracasso são algumas das mais impactantes da nossa vida.

Uma mulher se sente inspirada a tornar-se comediante de *stand--up*. O que ela mais quer é fazer as pessoas rirem. Ela pratica cem vezes seu primeiro número. Faz uma gravação de si mesma, estuda seu *timing* e ajusta sua cadência, sua ênfase, cada detalhe. Chega sua grande noite e ela encontra uma audiência que permanece no mais absoluto silêncio. Ela fica arrasada.

Vai para casa, bebe meia garrafa de vinho e vai dormir. Nas semanas seguintes, conversa com seus amigos sobre a ideia de fazer algumas mudanças no número e tentar de novo, mas é incapaz de enfrentar uma nova decepção. Ela começa então a adiar sua nova

---

* Tipo de livro infantil muito popular nos EUA no final do século passado. Os leitores escolhem entre duas opções de desfecho para determinadas situações, proporcionando diversas possibilidades de desenrolar a trama. (N.do R.)

tentativa, acaba nunca mais procurando outro clube de comédia e seu sonho é arquivado.

Ou, então, ela vai para casa, bebe meia garrafa de vinho e vai dormir (não há nenhuma vergonha em beber um pouco para esquecer as mágoas). No dia seguinte, ela pensa na audiência. É doloroso recordar o rosto sério das pessoas, mas ela se obriga a fazer isso. Pensando bem, era uma turma muito jovem. Havia entre eles uma vibração de pós-graduação. Não causa surpresa eles não terem entendido suas piadas sobre ser uma mulher solteira na faixa dos 30 anos. Ela decide tentar outro espaço que é frequentado por um grupo um pouco mais velho. É assustador, mas ela faz exatamente o mesmo número e consegue algumas risadas.

No dia seguinte, ela pede a alguns amigos para irem assisti-la e que sejam sua audiência cativa. Seus amigos reagem de forma excelente ao seu número, mas ela acha isso natural; eles nada diriam se achassem que ela tinha se saído mal. No entanto, posteriormente, uma amiga menciona uma coisa que ela não tinha levado em consideração: que demorou um pouco para entender o seu estilo de humor, porque era diferente de tudo o que ela já tinha ouvido. Talvez houvesse uma maneira de preparar a audiência, de dar a eles a oportunidade de entendê-la antes de começar o número propriamente dito. Ela faz uma tentativa, e as pessoas riem na sua apresentação seguinte.

Ou então, no dia seguinte, ela procura o gerente do clube onde se apresentou. Pede que ele dê sua opinião sincera a respeito do seu número. É duro escutar o que ele tem a dizer, mas ela enxerga a verdade em grande parte do ele comenta e compreende que deixou de captar muitas coisas por ter sido crítica consigo mesma. Ela faz alguns ajustes no número e tenta novamente. Dessa vez, obtém muitos sorrisos e algumas risadas. Ela então tem uma nova conversa com o gerente, que só tem coisas encorajadoras a dizer. Ele diz para ela persistir, que continue a melhorar o número. Ela segue os conselhos do gerente, que se torna uma espécie de mentor para ela.

Só há uma opção para fracassar e desistir nessa história. Há muitas opções para avançar, fazer descobertas, fazer mudanças e sacudir as coisas. Um milhão de maneiras de seguir em frente.

Temos a oportunidade de fazer perguntas: o que vem a seguir? Como podemos melhorar a situação? O que podemos ajustar? Estávamos no lugar certo? O momento era certo? O que podemos acrescentar? O que podemos remover? Estamos falando com as pessoas certas? Como podemos transformar isso em uma coisa boa? Qual é o produto ou serviço oculto?

Essas oportunidades são os presentes que nossos clientes nos dão. A meta de toda missão é oferecer valor a eles, oferecer o que eles querem ou precisam, oferecer a eles o que temos de melhor. Por meio do *feedback*, eles nos dizem tudo o que precisamos saber para fazer isso. Tudo o que temos a fazer é escutar.

Há muitos anos, em 1984, um autor esforçado estava tentando vender um curso com seis lições sobre como escrever; ele divulgou o curso nos classificados de um jornal. Ele lutou para conseguir o dinheiro para o anúncio e acabou conseguindo. O anúncio não obteve resultados. Ele foi um fracasso? Não. Foi um *feedback*. O jovem pegou as seis lições, reuniu-as em um livro, o primeiro que ele publicou. Eu sei disso tudo porque esse era meu livro, *Zen and the Art of Writing*. Vê-lo publicado foi um momento decisivo na minha vida, mas isso só aconteceu depois de um fracasso.

Encontre um obstáculo no caminho, dê a volta. Tropece. Levante-se. Sofra um golpe. Continue a avançar, mais rápido. Enfrente um desafio. Seja mais astuto do que ele. Encontre um muro. Escale-o.

A escolha é nossa de acolher o *feedback* e depois deixar que ele nos mostre nossa oportunidade. Nem sempre sabemos para onde a oportunidade nos levará, mas todos os caminhos conduzem ao sucesso.

Capítulo 16

O Ganha-ganha-ganha

O dinheiro por si só põe todo o mundo em movimento.

– Publilius Syrus

O espírito empreendedor do milionário desperto se expressa em três palavras: ganha-ganha-ganha.

Quando permanecemos fiéis à nossa crença, à nossa missão e aos nossos valores, todo mundo ganha. Nós ganhamos, nossos clientes ganham e a comunidade ganha.

Nós ganhamos porque entregamos, com sucesso, um imenso valor aos nossos clientes. Nossos clientes ganham por meio do impacto do produto ou serviço que oferecemos a eles. A comunidade, seja ela local ou global, ganha devido à disseminação de ações positivas que acontecem dentro dela.

Uma única operação impregnada do espírito ganha-ganha-ganha gera um efeito propagador que pode tocar centenas, milhares e, em alguns casos, milhões de vidas.

Um segredo pouco conhecido para atrair o sucesso em todas as áreas da vida é procurar o ganho triplo em todos os relacionamentos.

- Não quero ganhar e sim fazer com que o outro lado perca.
- Tampouco quero apenas uma situação do tipo ganha-ganha, embora seja muito bom que ambos os lados ganhem.
- Quero completar o circuito, com *todos* os envolvidos ganhando.

Isso é bem mais do que a maioria das pessoas faz. Vou explicar com uma história.

Vivemos tranquilamente durante os últimos dez anos na região de Hill Country, no Texas. Adoramos o local. Há um terreno desocupado de quase 1 hectare ao lado do escritório que tenho na minha casa. Os donos da propriedade a visitam uma vez por ano e, quando os vejo, tento comprá-la. Eles se recusam a vender. Eles voltam um ano depois. Faço novamente uma oferta. Eles voltam a recusar. E assim a coisa continua. A situação tem sido aceitável, já que eles não construíram nada na propriedade esse tempo todo. Tudo tem estado tranquilo. Tudo está bem.

No entanto, eles recentemente enviaram trabalhadores e agrimensores para o terreno. Eram sinais claros de que algo ruim estava para acontecer. A construção começaria em breve. Eu enfrentaria um ano de barulho durante a construção e depois uma vida inteira com vizinhos. Fiquei terrivelmente apreensivo. Estava vendo minha tranquilidade desaparecer para sempre.

Eu sabia que tinha que haver uma situação de ganho triplo *em algum lugar*, mas eu não conseguia enxergá-la. O que eu ia fazer? Onde está meu ganha-ganha-ganha, perguntei aos meus botões?

Nerissa, minha mulher, fez uma pesquisa e descobriu um terreno de 2 hectares à venda perto de nós. Ela deu uma olhada no anúncio para ter uma ideia do preço dos terrenos na nossa área. Íamos usar essa informação para fazer uma oferta desesperada para comprar a terra do nosso vizinho. Mas a informação que Nerissa obteve me deu uma ideia louca, uma ideia que eu tive certeza de que era simplesmente genial. Agradeço à minha intuição e também à minha capacidade de enxergar uma oportunidade e agir movido por ela.

Encontrei a corretora de imóveis que estava vendendo o terreno de 2 hectares e disse a ela o seguinte: "Se você é boa em dar telefonemas posso conseguir que venda dois terrenos".

Ela ficou intrigada. Contei a ela a história do terreno de 0,8 hectare ao lado da minha propriedade. Falei sobre o terreno de 2 hectares perto de nós. E depois eu disse: "Telefone para os proprietários do terreno ao lado da minha casa e diga a eles que comprarei o terreno deles pelo preço do terreno de 2 hectares que fica um pouco mais à frente".

Isso seria uma situação do tipo ganha-ganha-ganha.

Dessa maneira, eu ficaria com o terreno deles, eles ficariam com um terreno muito maior para a casa deles, e a corretora venderia dois terrenos. Ganha-ganha-ganha.

É verdade que eu estaria pagando quase duas vezes o valor do terreno de um hectare, mas aquela terra representava para mim um milhão de dólares de liberdade do ponto de vista emocional. Ela *realmente* merecia o investimento.

É claro que nem todo mundo faria isso. A maioria se esforçaria para descobrir uma maneira de conseguir o terreno de 1 hectare persuadindo os vizinhos a saírem de lá.

Outra pessoa poderia fazer tudo para conseguir o terreno de 1 hectare e tentaria ajudar os proprietários a encontrar um terreno equivalente. Essa é uma situação do tipo ganha-ganha, mas não é extraordinária.

Poucos pensariam em incluir a corretora. Tentariam usar um comprador fantasma para, de alguma maneira, eliminar a corretora. Essa é uma situação de ganho mútuo, mas não de ganho triplo.

Uma vez mais, um segredo pouco conhecido na vida é buscar a situação do tipo ganha-ganha-ganha. Faço a mesma coisa nos meus programas de afiliados. Se serve para endossar, eu usei o programa e gostei tanto dele que agora sou um afiliado (ganha), sei que o criador do programa está ganhando um lucro justo por vendê-lo por meu intermédio (ganha) e sei que o comprador ficará feliz (ganha). Por que mais pessoas não fazem isso?

Na maioria das vezes sentimos preguiça e nos atemos ao *mindset* de cuidar das nossas próprias necessidades. Mas descobri que a verdadeira alegria na vida envolve cuidar das nossas necessidades ao mesmo tempo que *também* cuidamos dos outros.

Eis outra história para ilustrar meu argumento. Recentemente, eu estava assistindo a um documentário extraordinário chamado *Rock Prophecies*, a respeito de um incrível fotógrafo de estrelas do *rock*. Robert Knight fotografou ícones da música como Led Zeppelin, Slash, Jeff Beck, Rolling Stones, Stevie Ray Vaughan, Santana, Sick Puppies e outros. Hoje, ele procura os mitos ainda não descobertos, como Tyler Dow Bryant. Sua história é instigante e inspiradora.

O fotógrafo normalmente não vende os negativos das suas fotos raras e espetaculares. Ele era o único fotógrafo no último concerto de Stevie Ray Vaughan, por exemplo, mas nunca divulgou essas fotos e muitas outras, de muitas outras estrelas. Ele recebeu uma oferta de mais de 3 milhões de dólares pela sua coleção, mas recusa-se a vendê-la.

No entanto, a mãe de Robert contraiu a doença de Alzheimer. Ela teve que ser internada em uma clínica que prestava cuidados permanentes, o que iria custar cerca de 9 mil dólares por mês. O fotógrafo não sabia o que ia fazer, mas sabia que tinha que decidir alguma coisa.

Aparentemente do nada, a irmã de Jimi Hendrix entrou em contato com Robert. Eles elaboraram um acordo de ganho triplo, no qual Robert venderia os negativos das suas fotos de Jimi Hendrix para a irmã dele e para a fundação Hendrix e, em troca, receberia dinheiro suficiente para pagar as contas médicas da mãe todos os meses. Essa foi obviamente uma situação do tipo ganha-ganha-ganha. Robert conseguiu o dinheiro. A fundação Jimi Hendrix conseguiu as fotos raras. E a mãe de Robert está recebendo os cuidados de que precisa.

Você percebe como isso funciona? Na realidade, estou falando a respeito de amor. Ame todos os envolvidos na sua negociação e na sua parceria e atrairá naturalmente um ganho triplo.

Na próxima vez em que você se vir diante de uma negociação, uma venda ou uma questão de relacionamento, pergunte a si mesmo: "Onde está o ganho triplo aqui?". Se você partir do princípio de que existe um, sua mente começará a procurar por ele. Volte então seu radar mental para o próximo ganha-ganha-ganha.

O espírito ganha-ganha-ganha personifica a perspectiva global do milionário desperto. Agimos localmente, mas nosso alcance é global. Esforçamos-nos para estender nosso impacto até onde ele puder chegar. Não olhamos de uma maneira míope para as ações que praticamos. Não nos impomos limites. Nós nos estendemos o máximo que conseguimos.

Além de ser um *mindset*, o ganha-ganha-ganha resolve problemas.

Os maiores desafios que os milionários despertos enfrentam são muitas vezes resolvidos com a seguinte pergunta: qual é o ganho triplo nesta situação? Se identificarmos o que é comumente conhecido como concorrência, qual a melhor maneira de abordá-la? Podemos tentar um contato, unir forças, fazer *brainstorming* e cooperar. Todos oferecemos alguma coisa única, de modo que sempre ficamos mais fortes quando apoiamos uns aos outros.

Organize um evento e obtenha o dobro de participantes. Ofereça um produto que apresente duas abordagens exclusivas e atinja o dobro do número de pessoas. Encaminhe clientes para a concorrência quando apropriado, e vice-versa. Podemos descobrir que a concorrência se transforma em uma inestimável aliada. Vimos como o *feedback* conduz diretamente à oportunidade.

Os milionários despertos empoderados com a perspectiva ganha-ganha-ganha expandem o alcance da oportunidade. Por exemplo, uma empresa fabrica cosméticos e doa um percentual dos seus lucros para a preservação das florestas tropicais. A empresa notou que os clientes se queixam com frequência das bombinhas das suas embalagens de plástico, que acabam precisando ser substituídas.

Embora a empresa sempre tenha usado plástico reciclável nas suas embalagens, ela aproveita a oportunidade de redesenhá-las usando um material semelhante ao plástico mas feito de milho, e em vez de ter a bombinha as embalagens passam a ser do tipo *squeeze*. O tipo *squeeze* é bem mais barato, e mais do que compensa o custo de usar o material de última geração à base de milho. A partir de agora suas embalagens não apresentam problema, são biodegradáveis, e seu custo de produção é ligeiramente mais barato. Todos ganham, inclusive o meio ambiente.

Na condição de empreendedores, somos sempre éticos, sempre generosos, estamos sempre indo além do que é necessário. Estamos sempre focados no bem das outras pessoas – e sabemos que isso não é apenas o que tem que ser feito, como ao mesmo tempo alimenta o crescimento da riqueza e o enriquecimento espiritual.

Não há como perdermos como milionários despertos. Estamos em uma busca constante da expansão do limite do nosso alcance, sabendo que cada vida que tocamos é uma vitória.

Capítulo 17

A Grande Ideia

*Bolsos vazios nunca refrearam ninguém.
Somente cabeças vazias e corações
vazios podem fazer isso.*
— NORMAN VINCENT PEALE

Nós, milionários despertos, somos guiados por visões do que podemos realizar por intermédio da nossa grande força empreendedora. Compreendemos plenamente que os lucros vêm depois da nossa missão, que a nossa recompensa pessoal é moderada pelo nosso impacto na comunidade. À medida que avançamos como milionários despertos, avivamos nossa missão não apenas pela força crescente da nossa paixão, como também pelo emergente despertar do nosso empreendedorismo.

Erguer-nos em apoio aos nossos esforços é nossa Grande Ideia. Essa é a razão fundamental do nosso empreendedorismo. Esse é o nosso entendimento do que oferecemos agora, do que somos capazes de oferecer e, em última análise, do que iremos oferecer quando nossa Grande Ideia se tornar realidade.

Para muitos empreendedores, a Grande Ideia é o lucro. Não significa que eles sejam desprovidos de paixão por seus clientes, mas não é essa a sua motivação principal. Eles provavelmente se levantam pela manhã e perguntam: "Como vou ganhar mais dinheiro hoje?". Na condição de milionários despertos, nós acordamos pela manhã e perguntamos: "Como vou causar um impacto maior hoje?". É mais que virtudes. É mais que o credo. Há também um entendimento evoluído de que, nesta era moderna, nosso lucro é um resultado direto da nossa paixão por ajudar os outros. E a nossa Grande Ideia é a expressão sucinta dessa paixão.

Essa Grande Ideia está presente para nossa própria visão. Ela é nosso sistema norteador interno. É como compreendemos nossas ações, como nossa intuição dirige nossas ações e no que baseamos nossas ações. Ela é nossa paixão e se baseia na nossa paixão; ela cresce a partir da nossa paixão. Ela existe, acima de tudo, para nosso entendimento e nossa evolução.

As pessoas que servimos enxergam outro lado da Grande Ideia. Elas veem a nossa Grande Promessa. Essa é nossa missão empreendedora para que todos vejam. Ela é o que oferecemos à nossa audiência. É o que garantimos aos nossos clientes antes de trocar dinheiro. Nossa Grande Promessa é um compromisso solene do qual não recuamos e que não abandonamos. Em vez disso, nós persistentemente o desenvolvemos.

Nossa Grande Ideia e nossa Grande Promessa encontram-se em uma contínua espiral ascendente. Essa espiral contém o ciclo de *feedback* enquanto nossa Grande Promessa interage e evolui do lado de fora e volta para elevar nossa Grande Ideia do lado de dentro. Nós nos apoiamos nesse ciclo de *feedback*, nesse chamado e resposta, nessa causa e efeito. Como resultado, nós nos erguemos.

Nossa Grande Ideia está codificada em uma linguagem concebida para nós. Ela não requer uma tradução para o entendimento de outras pessoas. Mas nossa Grande Promessa nos empurra para que enunciemos nossas visões para além do nosso próprio entendimento. Somos forçados a traduzir nossa visão para que outros possam não apenas entender, mas também responder. Isso significa que não falamos na linguagem da lógica, e sim no código comovente do desejo e do benefício para aqueles que servimos.

A Grande Promessa simplesmente declara como nosso produto ou serviço eleva nossa audiência para que alcance seu maior desejo. Ela não apenas ajuda as pessoas a decidirem se querem destacar-se da multidão e juntarem-se a nós, como também nos ajuda a permanecer responsáveis diante da nossa comunidade. Se nossas contribuições estiverem firmadas em uma simples e clara Grande Promessa, não poderemos nos esconder. Somos responsáveis do início ao fim. Essa responsabilização nos torna mais fortes e corajosos como milionários despertos, de modo que precisamos moldar cuidadosamente esse esteio dos nossos esforços.

Não podemos cair nas armadilhas comuns do empreendedor comum. Nossa Grande Promessa não pode tentar obrigar as pessoas a querer uma coisa que elas já não desejam. Nossa Grande Promessa não pode tentar falar com pessoas que não estão interessadas naquilo.

Se quebrarmos essas regras fundamentais, começaremos a enfraquecer a nossa Grande Promessa, sem ter consciência disso. Contamos com a evolução dela para evoluir. Contamos com o *feedback* dela para seguir em frente. Contamos com a verdade e a estabilidade dela para fundamentar nossa missão; um defeito fundamental na sua base pode nos fazer retroceder. Não temos tempo para reveses evitáveis.

Se permanecermos fieis à nossa Grande Promessa e crescermos junto com ela, teremos uma base inabalável para construir nosso empreendimento iluminado. É por meio do nosso empreendimento iluminado que ganhamos dinheiro. O nosso empreendimento iluminado é uma das maneiras pelas quais expressamos nosso nobre propósito.

Dinheiro + Alma = Mais Dinheiro + Mais Alma

Segunda seção

Você

Capítulo 18

Quem Você Pode se Tornar

Você só pode se tornar verdadeiramente exímio em alguma coisa que ame. Não faça do dinheiro seu objetivo. Em vez disso, busque as coisas que você adora fazer e depois as faça tão bem que as pessoas não conseguirão tirar os olhos de você.

– MAYA ANGELOU

Não sei onde você está hoje.

Não conheço o feitio da sua personalidade, os contornos do seu subconsciente ou sua concepção de vida. Não sei se você é feliz com o que é ou se anseia por uma transformação. Não sei se se orgulha de quem é, ou se luta contra o que você é. Talvez tenha tudo isso dentro de você.

Mas eu sei quem você pode se tornar. Você pode se tornar a personificação da alma que colabora com o dinheiro. Não existe uma visão única e absoluta do milionário desperto perfeitamente realizado. Somos pessoas, não robôs. Mas há um caminho comum traçado para você. Um caminho gravado no tempo, pavimentado com as histórias de sucesso que o precedem. Ele está construído sobre o Manifesto e impregnado do Credo do Milionário Desperto.

Você agora já viu por onde caminharemos juntos. Compartilhamos esse espaço, você e eu. Mas, agora, você precisa percorrer esse caminho sozinho e esculpir o trajeto adequado a sua alma, sua paixão, seu propósito e, em última análise, sua missão.

Sua missão não é apenas sua. Ela é apoiada pelo Credo. É inspirada pelo Credo. É guiada pelo Credo. Na sua missão, você encontrará a missão maior que todos compartilhamos:

Você se dedicará a causar um impacto positivo com sua paixão, sua missão e seu dinheiro.

Seu negócio será impelido pelo desejo de fazer com que todos progridam, não apenas você.

Sua missão será uma expressão de gratidão não apenas pelo seu próprio propósito e sucesso, mas também pelo retorno financeiro e de significado que você recebe quando leva sua missão para o mundo.

Sua missão será definida pelo ganho triplo, sempre concentrado em adicionar valor ao mundo onde você vive, enquanto ele o recompensa com sua própria prosperidade.

Sua missão será inspirada pela missão geral de elevar mais pessoas ao caminho do milionário desperto, liderando pelo exemplo e ajudando os outros a encontrar seus próprios caminhos para efetivar a fórmula: alma + dinheiro = mais alma e mais dinheiro.

Quero levá-lo até lá. Quero guiá-lo no caminho que fará de você o milionário desperto realizado. Quero ajudá-lo a trabalhar a terra e plantar as sementes.

Isso levará tempo.

Despertar o seu relacionamento com o dinheiro como um todo pode levar tempo. Aprimorar sua missão e transformá-la em uma visão prática levará tempo. Dominar o caminho desperto por meio do empreendedorismo levará tempo. Abrace-o.

No entanto, o milionário desperto pode começar a tomar forma dentro de você agora, aqui, neste momento. As recompensas serão vistas amanhã.

Isso só começa quando a escolha é feita. Uma escolha que você precisa fazer. Não começará enquanto não fizer a escolha de seguir o caminho do milionário desperto.

Talvez você já a tenha feito. Se não fez, eu o convido a fazer mais do que mergulhar apenas um dedo do pé na água. Se você me acompanhou até aqui e não está sentindo nenhum desejo ardente, talvez esta missão não seja para você, ou não seja para você agora.

Mas se houver dentro de você um indício, por menor que seja, uma parte de sua mente, seu corpo e sua alma se expandindo para viver a aventura do milionário desperto, então afunde um pé e depois o outro.

Comece a percorrer seriamente esse caminho comigo. Deixe-me guiá-lo ao longo do seu começo como o milionário desperto.

Capítulo 19

A Decisão

*O dinheiro geralmente é atraído,
não é perseguido.*
– JIM ROHN

A decisão

Se você vai avançar um pé e depois o outro, precisa então baixar seu centro de gravidade e enterrar os calcanhares na terra, ser obstinado. Está na hora de tomar uma decisão, porque você, como o milionário desperto, é uma criatura determinada. Não adia decisões que precisam ser tomadas. Você as toma com convicção, porque há poder na decisão.

Embora o medo possa impedir outras pessoas de tomar certas decisões, você segue em frente. O medo não vai desaparecer porque quer que ele desapareça. O medo, independentemente da forma como se apresentar, estará presente. No entanto, o medo não o retarda e, se isso acontecer, não será por muito tempo – porque é preciso tomar decisões e iniciativas e alcançar a abundância.

O medo é o Grande *Feedback*. O medo faz com que você saiba que está no caminho certo. Não sentir esse medo pode significar que você não está se pressionando o bastante para alcançar seu verdadeiro potencial como um milionário desperto.

As transformações necessárias que você tem diante de si podem ser incômodas, especialmente com seu subconsciente gritando que não deseja mudar. Nossa mente subconsciente se sente muito contente onde está; ela preza o controle que tem. No entanto, em última análise, precisamos reformular nossa consciência para abraçar a mudança e o medo e fazer deles estimados aliados.

Você cometerá erros. Tropeçará. Poderá sofrer. Poderá logo perceber que havia um caminho melhor – mas não fica abalado nesses momentos. Os desafios são oportunidades de aprendizado.

Não existem más decisões quando elas são tomadas com sincera convicção e plena intenção. Existem apenas oportunidades de aprender e crescer. Nós nos esforçaremos sempre ao máximo para tomar as melhores decisões possíveis, seja por meio da nossa intuição empoderada, seja nos momentos em que uma cuidadosa consideração se faz necessária.

Outros ficam imobilizados quando se veem diante de muitas opções. Outros sentem a paralisia da análise, perguntando-se eternamente se irão se arrepender da decisão que precisam tomar. Você não faz isso. Você poderá sentir o peso da decisão que tem que tomar, mas não deixará que esse peso ou qualquer medo o impeçam de seguir em frente.

E agora você toma uma importante decisão: você está pronto para começar? Está pronto para se transformar, pouco a pouco, em um milionário desperto?

Eu chamaria isso de seu destino como uma pessoa sincera com um desejo de introduzir prosperidade na sua vida e na vida daqueles que o cercam. Mas não posso lhe dizer qual a música que sua alma está cantando neste momento. Você é um futuro milionário desperto? Está pronto para percorrer o caminho?

Você virá comigo?

Você começa

Aqui estamos nós, você e eu, em uma encruzilhada, em um ponto onde a decisão é real. Você caminhou comigo enquanto percorremos a nova paisagem do milionário desperto. Ouviu o brado de convocação, vislumbrou a poderosa visão e sentiu a urgência, tanto para nós quanto para aqueles que ajudamos.

Agora, você precisa decidir se irá se juntar a este movimento. Precisa decidir se está pronto e disposto a iniciar a jornada da sua transformação.

A beleza de aventuras como esta é que você vê a sua transformação diariamente. Você notará as mudanças no seu modo de pensar, na sua atitude, na sua própria natureza. Notará como essas mudanças se propagam pelo seu ambiente imediato. Notará como os outros param e percebem um novo e tranquilo brilho. Notará como o dinheiro passa a chegar até você de um modo diferente, mais rápido e mais fácil.

Mas a jornada para obter as verdadeiras recompensas do milionário desperto não acontecerá da noite para o dia. Não será uma transformação mágica. Não virá embrulhada com um belo laço de fita.

Você precisa permanecer fiel à sua visão, à sua paixão, ao seu propósito e à sua missão. Se fizer isso, alcançará um nível de realização impossível de descrever, pois será exclusivamente seu. Não posso prometer como será sua nova vida, quanto dinheiro recém-desperto você ganhará ou qual será o grau do seu impacto. Mas posso prometer uma aventura que você valorizará pelo resto da vida. Posso prometer que se lembrará do dia em que declarou "estou pronto" e deu o primeiro passo.

Haverá provações e tribulações. Haverá as demandas da vida que pedirão sua atenção. Haverá resistência da parte de outros que desconfiam da mudança. Haverá partes arraigadas do seu subconsciente que se agarrarão obstinadamente ao domínio que um dia tiveram, fazendo uma grande algazarra enquanto se retiram, chutando e gritando.

Você pode vacilar nas suas convicções. Pode ficar inquieto ou impaciente. Pode se desviar do seu percurso. Mas sempre poderá encontrar o caminho de volta. A aventura do milionário desperto não se dissipa com o tempo. Os benefícios não se desvanecem com a distância, estão sempre presentes com você, ao seu lado, trabalhando para elevá-lo ainda mais.

Mas se você escolher juntar-se a nós, se escolher assumir esse compromisso consigo mesmo, então persevere o máximo que puder. Permaneça firme e forte às suas convicções e ações. Se vacilar, se tiver uma recaída, apenas retome o rumo e siga em frente.

Nós tropeçamos. Nós duvidamos. Temos momentos de fraqueza. Somos humanos. Mas os milionários despertos não se culpam, não se repreendem nem se fustigam freneticamente. Nós simplesmente reconhecemos que tropeçamos, retomamos o rumo e continuamos a avançar em direção ao nosso despertar.

Se você está pronto para se juntar a mim, então vamos avançar juntos. Vamos reconhecer o compromisso que você está assumindo consigo mesmo. E vamos celebrar, porque a jornada à frente será diferente de qualquer outra que já conheceu. Vou deixá-lo assombrado. Se você tomou a decisão de iniciar esta aventura, então ancore-a na sua alma, reconheça a oportunidade e vamos começar.

Capítulo 20

Dinheiro

Todas as riquezas têm origem na mente.
A riqueza está nas ideias – não no dinheiro.
— Robert Collier

Dinheiro

Não existe mais uma guerra. O dinheiro não é mais seu inimigo. Qualquer dificuldade financeira que você possa vivenciar não é mais culpa de uma força externa.

Você, somente você, tem responsabilidade e dará valor a essa responsabilidade. Você não é mais a vítima e esbanjará a liberdade que isso lhe proporciona. Comece agora, com um compromisso.

Assuma o compromisso de redespertar seu relacionamento com o dinheiro. Faça a promessa tranquila de olhar para o dinheiro com novos olhos. Veja a natureza simples dele. Veja a maneira neutra dele. Veja o instrumento que ele pode ser e a alma que ele pode apoiar. Você está no controle.

O dinheiro não é a raiz de todos os males porque é neutro. Você está no controle. O dinheiro não é mais o grande destruidor e sim uma força de criação do seu próprio desígnio. Você está no controle. O dinheiro não pode corrompê-lo porque não tem nenhum poder próprio. Ele tem apenas o poder que você confere a ele. Você está no controle. O dinheiro não pode endurecer seu coração porque você carrega consigo amor e respeito. Não há dureza no amor e no respeito. Você está no controle.

O dinheiro não pode controlá-lo, aprisioná-lo ou modificá-lo. Ele nunca pôde. Somente seus pensamentos a respeito do dinheiro o controlavam. Somente suas emoções por trás do dinheiro o aprisionavam. Somente seus hábitos relacionados com o dinheiro o acorrentavam.

Esses pensamentos estão mudando. Você está despertando. Está encontrando seu controle no fundo da sua alma. À medida que avança por esse momento de redespertar, você se pergunta: "Como foi possível que essa farsa de guerra tenha durado tanto? Como posso ter vivido essa falsidade com tanto rigor e empenho?".

Talvez você se sinta estarrecido com o tempo e a energia desperdiçados nessa guerra tão ridícula. Ou talvez o que o aflija seja a culpa, a vergonha, o choque ou a descrença. Não lute contra esses sentimentos. Reconheça-os, respeite a presença deles e abandone-os como uma sombra que desaparece com o sol. Abandone qualquer pensamento ou emoção que não seja importante para o que você está fazendo agora: olhando para a frente.

Fortaleça-se com a gratidão de saber que você agora está livre dessa guerra. A neblina desapareceu e nunca mais poderá retornar. Você não pode romper seus grilhões, sair da caverna, ver a luz, voltar para a caverna, acorrentar-se de novo e fingir que nunca viu a luz.

Você sabe o que é a luz. Sabe o que é a liberdade. Ela é a luz e a liberdade de uma vida livre da batalha com o dinheiro, um inimigo que nunca existiu.

Você não amaldiçoa mais suas contas, suas dívidas e suas obrigações. Você só sente gratidão pela iluminação, pelo aquecimento, pelo telefone, pelo carro ou pela casa que essas contas representam. Escreva mensagens de agradecimento nos seus cheques. Envie biscoitos para aqueles que cobram suas dívidas. Você nunca mais amaldiçoará o dinheiro, porque como seria possível amaldiçoar aquilo que lhe traz abundância? Essa é uma ideia ridícula, que não faz mais sentido para você, o milionário desperto.

Quando você olha para a comunidade à sua volta, não enxerga a ganância ou a podridão representadas pelo dinheiro. Você vê a ganância e a podridão representadas por uma alma humana perturbada, que se perdeu. Você não enxerga um controle perverso comandando a felicidade de almas indefesas. Você vê pessoas prontas para despertar, prontas para subir o morro e ver o campo de batalha, onde um dos lados combate um inimigo que não existe.

Se você se deparasse com um grupo de pessoas jogando dinheiro na fogueira, você não aplaudiria, não choraria; você apenas lamentaria a oportunidade do impacto perdida para uma ignorância herdada, com a qual nossa sociedade tem convivido durante gerações.

Você quebrou o ciclo vicioso. A luta entre o ódio e o amor parou aos seus pés, sem permissão para ocupar mais um único momento do seu tempo. Não é seu destino envolver-se com esse ciclo vicioso. Nunca foi. Agora você sabe disso.

Você se uniu às fileiras dos milionários despertos. Talvez nem todos eles se reconheçam dessa maneira. Mas eles sabem intuitivamente a fórmula. E conhecem o verdadeiro relacionamento com o dinheiro pelo que ele é: potencial, poder e prosperidade.

Você se ergue com eles agora, com aqueles que não amam nem odeiam o dinheiro. Você se ergue com aqueles que não lutam contra nem se opõem a ele. Você se ergue com aqueles que o dominam e, no entanto, o respeitam. Você se ergue com aqueles que o distribuem, que se transformam com ele.

E o dinheiro virá até você, porque agora ele tem um lar. Ele tem um refúgio e um vínculo protetor. Ele pode ser o que é: neutro. Uma ferramenta pronta para que sua visão lhe dê uma missão.

Você o deseja ardentemente? Não. Você é um milionário desperto.

Você atribui um grande valor a ele? Não. Você é um milionário desperto.

Pegue uma nota da sua bolsa ou carteira. Ou pegue uma moeda no bolso. Segure-a na mão. Ela não respira. Ela não fala. Ela não o encara. Ela não se compadece de você. Mas ela vai para onde você a coloca.

Onde você vai colocá-la?

Imagine o que poderia realizar com seu dinheiro se ele tivesse uma missão!

Imagine que você tivesse exatamente um milhão de dólares no banco. O que faria com esse dinheiro? Como o usaria? Como viveria para a sua missão? Como causaria um impacto? Que causa abraçaria? Que apelo atenderia? Quem ajudaria?

Como você o investiria não apenas no seu futuro, mas também no nosso futuro? Como transformaria seu dinheiro em uma expressão de sua paixão, seu propósito e sua missão? Como transformaria esse dinheiro em uma expressão da sua alma?

Talvez você veja uma imagem clara. Talvez ainda não veja. Não importa se ela é indistinta para você agora. O que importa é que você se sinta lá, se sinta com a energia potencial contida nesses milhões de dólares e sinta a presença da sua paixão. Sozinho, é apenas dinheiro. Apenas papel. Com a sua paixão, ele está desperto.

Ancore-se lá. Mantenha esse sentimento. Retenha o sabor, o cheiro, o toque. Sinta-o com seu ser. Deixe que ele seja seu guia, porque você não é apenas um milionário. Você é um milionário desperto, e seu impacto será sentido durante muitos anos.

Capítulo 21

Obstáculo de Ouro

O dinheiro é apenas um instrumento.
Ele o levará aonde você desejar,
mas não o substituirá como motorista.

– AYN RAND

O seu maior obstáculo oculta sua maior oportunidade

Apoie-se no poder do dinheiro e você progredirá. Mas o maior obstáculo a um relacionamento empoderado com o dinheiro está na sua cabeça. Não é a ideia de que o dinheiro é nocivo, mau ou corruptor que tem mais poder sobre você. É a força subconsciente da vitimização.

Você se sentiu vitimizado pelo dinheiro durante anos. Se não tem dinheiro suficiente, você é vítima do seu emprego, das suas contas, da economia como um todo. É culpa do dinheiro. É culpa do governo. É culpa do sistema. É culpa do banco, da empresa de cobrança ou do seu cônjuge.

Você se aprisionou durante anos como a vítima impotente. Não por escolha, mas pelo exemplo dos outros, pelo poder que deixamos que o dinheiro tenha sobre nós e pela ideia de que o dinheiro tem a chave para nossa liberdade pessoal.

Mas você não é a vítima – você sabe disso agora. Você não é vítima do dinheiro ou do governo. Você não é vítima das suas contas, das suas dívidas ou do gasto desenfreado do seu parceiro.

Isso já é um progresso, mas simplesmente reconhecer esse fato não é suficiente. Você pode começar a transformar seu entendimento consciente dessa falsa vitimização, mas isso não o levará aonde precisa ir.

Por quê?

Porque sua mentalidade de vítima se estende além do seu relacionamento com o dinheiro. Na realidade, a persistência da mentalidade de vítima é tão cruel que muitas pessoas morrem sentindo que foram vítimas do início ao fim da vida.

Você costuma culpar os outros pelos seus problemas na vida? Vitimização.

Você costuma se queixar da situação em que se encontra? Vitimização.

Você costuma se queixar dos seus amigos, da sua família, dos seus vizinhos ou até mesmo de desconhecidos? Vitimização.

Para reestruturar nosso relacionamento com o dinheiro, precisamos abandonar a mentalidade de vítima. Embora para isso não baste simplesmente desejar que ela vá embora, é mais fácil do que você poderia imaginar. Na realidade, a solução reside em uma transformação crucial que você faz como milionário desperto: você assume a responsabilidade. Você substitui a vitimização pela aceitação do seu próprio poder.

Você é a única pessoa responsável pela sua vida. Nunca se esqueça disso. Não há uma única situação em que você possa justificadamente permanecer como vítima. Nenhuma mesmo, porque você está no controle.

Sim, de fato a vida acontece. Os eventos acontecem. A doença acontece. Surpresas acontecem. A tristeza acontece. Desafios acontecem, e esses eventos fora de nós mesmos nem sempre estão sob nosso controle. No entanto, a maneira como escolhemos reagir está.

Você controla sua atitude diante do que quer que a vida lhe traga. Controla seu relacionamento com suas dificuldades. Controla o que faz em seguida. Controla como avança e como reage. Isso é responsabilidade, e assumir a responsabilidade encerra poder.

Não se relacione com a responsabilidade como se ela fosse um fardo. Encare-a como uma poderosa oportunidade, porque o controle é uma característica que poucas pessoas defendem. A ideia de ter responsabilidade sobre cada ação que praticamos e sobre cada reação que temos pode ser intimidante para muitos de nós. Pode ser assustadora e pode fazer com que tenhamos vontade de nos esconder.

Mas você, na condição de milionário desperto, nunca se esconde. Você não quer se esconder, porque seu poder reside na responsabilidade e esse poder é prazeroso. O momento em que você se posiciona com firmeza e defende sua responsabilidade é o momento em que se torna livre.

Sua mente subconsciente, onde a vitimização foi criada e vicejou, vai contra-atacar. Mas as garras dela se mostram fracas e aparadas quando você retoma o controle. Elas não são páreo para a emoção da responsabilidade.

Você não é perfeito... Você pode se pegar começando a reclamar. Pode se pegar começando a culpar os outros. Pode se pegar presumindo que não tem poder sobre o que acontece depois. Mas, de alguma maneira, você vai se recuperar. Uma vez que tenha enxergado a luz, não pode mais deixar de vê-la. A responsabilidade deixa você empoderado. Você terá mais poder do que jamais imaginou que poderia ter.

Você se sente inspirado por isso? Ótimo. Vá em frente. Intimidado? Sem problema. Enfrente o medo e harmonize-se com o poder que acaba de despertar. Sintonize-se com esse poder. Reconheça-o. Sinta-o circulando por você. Você começará a se sentir bem. Começará a se sentir adequado. Sentirá que finalmente chegou em casa. Seja bem-vindo.

A maioria das pessoas não tem consciência de quanto poder têm em suas vidas, mas você está agora consciente disso.

Você encontrou liberdade na sua responsabilidade. Assuma a responsabilidade. Enterre a sua condição de vítima no seu poder. Observe as queixas, desculpas ou acusações se desintegrarem dentro dele.

Sinta a emoção de uma vida livre da vitimização. Sinta o ímpeto de uma vida na qual você controla o que vai fazer em seguida. Sinta o amor da liberdade girar dentro de você. Sinta gratidão pelo que você pode trazer à vida neste momento.

Reúna agora esses sentimentos em uma bola rodopiante de energia. Deixe que eles ressoem com seu ser e se tornem a personificação do entusiasmo, do ímpeto, do amor e da gratidão. Pegue essas emoções e derrame-as nesse poder de responsabilidade e controle sobre sua própria vida.

Seu poder está agora apoiado nesse entusiasmo. Seu poder está agora apoiado nesse ímpeto. Seu poder está agora apoiado nesse amor. Seu poder está agora apoiado nessa gratidão. Quando você adiciona o poder flamejante da emoção a uma ideia, a uma intenção ou a uma paixão, ela tende a se tornar realidade.

Ancore sua nova conscientização do poder nessas emoções – que já transmitem uma sensação tão boa –, e seu poder permanecerá com você.

Ancore-se no entusiasmo. Ancore-se no ímpeto. Ancore-se no amor. Ancore-se na gratidão, e seu poder adquirirá vida.

Quer você tenha a sensação de que parece um milagre, uma mágica ou um ato do Divino, a realidade é bem mais simples: você despertou.

Capítulo 22

Vazio Cheio

*O dinheiro nunca dá origem a uma ideia.
É sempre a ideia que dá origem ao dinheiro.*
— OWEN LAUGHLIN

Vazio como um mestre, cheio de poder

Os mestres de Tai Chi Chuan são pessoas impressionantes, repletas de lições para compartilhar. O Tai Chi Chuan, muitas vezes chamado de arte marcial interior, é uma arte taoista radicada na criação da energia, da firmeza e do poder.

A prática diária dos mestres do Tai Chi Chuan não envolve lutas violentas. Sua prática diária consiste de uma dança lenta enquanto eles preenchem cada movimento com esse poder interior.

Eles se esvaziam para que possam ser preenchidos com poder.

Existem vídeos de mestres dessa arte marcial interior lançando pessoas ao outro lado da sala com um leve empurrão. Como eles têm tanta energia potencial armazenada dentro de cada fibra do seu ser, um leve entreabrir da torneira produz um aguaceiro torrencial de poder.

Entretanto, embora isso seja inspirador, não é relevante neste caso.

Entenda que eles não lutam com o poder. Eles lutam com o vazio. Não podemos nem mesmo chamar isso de luta. Eles estão simplesmente respondendo e se adaptando, contrapondo qualquer força que venha na direção deles com seu exato oposto... o vazio.

Eles são a personificação viva do antigo yin-yang, que simplesmente retrata a dança entre os extremos opostos. A luz e a escuridão, enroladas uma na outra sem linhas rígidas. Na escuridão, existe luz. Na luz, existe escuridão. Elas são exatamente as mesmas, mas são opostas.

Quando um atacante se aproxima de um mestre de Tai Chi Chuan com força, o mestre se esquiva e o enfrenta com o exato oposto: o vazio.

Essa força atacante simplesmente tropeça no seu próprio ímpeto redirecionado. Esse mestre, repleto de tanto poder e força, não precisa usá-los.

Você, na condição de milionário desperto, pode adaptar essa antiga forma de arte aos seus desafios diários, bem como aos desafios que espreitam na sua mente.

Você passou a vida inteira aprimorando pensamentos subconscientes profundamente arraigados em você. A vitimização é apenas uma expressão deles. À medida que você vai vivendo seu dia, eles permanecem fora da visão consciente, mas você os verá se olhar.

Eles estão nos seus hábitos. Estão nas suas perspectivas, nos seus padrões, julgamentos, instintos e reações emocionais. Embora a vitimização fosse um grande predador que ocupava grande parte do seu subconsciente, ela não é o único predador contra quem você tem que lutar. Há também as dúvidas, os temores, a autossabotagem...

As dúvidas são a expressão das suas convicções limitantes. Os temores são a expressão dos seus bloqueios mentais. A autossabotagem é a expressão das suas contraintenções.

Eles não vão simplesmente desaparecer porque você quer que desapareçam, mas não terão poder sobre você se seguir as lições do mestre de Tai Chi Chuan:

Quando você sentir o avanço sorrateiro da vitimização, você não luta. Você se esvazia.

Quando você sentir o avanço sorrateiro da insegurança, você não luta. Você se esvazia.

Quando você sentir o avanço sorrateiro do medo, você não luta. Você se esvazia.

Quando você sentir o avanço sorrateiro da autossabotagem, você não luta. Você se esvazia.

À medida que você for reconstruindo seu relacionamento com o dinheiro, suas convicções limitantes o cutucarão, seus bloqueios mentais o incitarão e suas contraintenções o desequilibrarão. Você precisa estar pronto quando renunciar à vitimização em prol do empoderamento, porque nesse momento sua mente subconsciente se rebelará.

No entanto, assim como o mestre de Tai Chi Chuan, você não resistirá, não rechaçará, não contra-atacará. Você simplesmente se esvaziará. Você se esvaziará como o mestre de Tai Chi se esvazia quando se defronta com um ataque:

Você contrapõe o entendimento à dúvida. Você contrapõe a compaixão ao medo. Você contrapõe o empoderamento à sabotagem. Você deixa que a dúvida caia em ouvidos moucos. Você deixa que o medo se desintegre no amor. Você deixa que a sabotagem se encolha de medo na presença do seu poder. Mas nunca pela força.

Você não resiste, não rechaça, não contra-ataca. Você se esvazia e continua a se mover, e, à medida que for adquirindo mais poder, seus demônios subconscientes perderão poder. Você avançará.

Capítulo 23

As Três Forças

Ó ouro! Ainda prefiro a ti do que o papel,
Que faz o crédito bancário parecer uma nuvem de fumaça.
— Lord Byron

A luz das três forças

Assim como no caso do mestre de Tai Chi Chuan, o poder interior é armazenado como energia potencial. O milionário desperto entende que essa energia é guardada até os momentos em que é mais necessária. O seu poder está abastecido, preparado e disponível para impulsionar as três forças poderosas que respaldam sua jornada do milionário desperto: a paixão, o propósito e a missão.

Amor profundo por alguma coisa ou desejo intenso – paixão.

Uma simples meta até a razão da sua existência – propósito.

Seu chamado, ou sua vocação, é a paixão e o propósito combinados – missão.

Onde reside sua paixão? Ela reside onde está seu coração. Ela reside onde você ama o que está fazendo. Ela reside onde você ama o que está estudando. Ela reside onde você ama aquilo em que está pensando. Ela reside onde você ama aquilo que está falando. Ela é o que o faz feliz. Ela é o que você faria se tivesse todo o tempo, dinheiro e liberdade do mundo.

Existe paixão por trás do milionário desperto. Cada ação que você pratica é impetuosa. Cada intenção que você define é impetuosa. Cada sonho que você concebe é impetuoso.

Carros, culinária, eletrônica, cerâmica, golfe, assuntos relacionados à cura, viagens, gatos, cachorros, lagartos, flamingos cor-de-rosa, cuidados com o gramado, castelos, jardinagem, aviões; não importa, porque dentro de cada paixão há um caminho a ser trilhado pelo milionário desperto.

Como você encontra esse caminho? Você deixa que o caminho o encontre. Você se abre, se esvazia e escuta a sua intuição. Você fica sentado imóvel e sente onde a sua mente, seu coração e sua alma estão divagando. Você vai para onde está sempre voltando.

Onde você encontra pura alegria, você encontra paixão. Onde você encontra emoção, você encontra paixão. Onde você encontra entusiasmo, você encontra paixão.

Não existe missão sem paixão. Não existe um milionário desperto sem paixão. Ela é o trabalho da sua alma, a expressão da sua espiritualidade e a personificação do seu verdadeiro propósito. Se você seguir sua paixão, encontrará seu propósito.

Enquanto você explora suas paixões, descobre curiosas lacunas. Você encontra lugares onde há alguma coisa faltando na expressão da sua paixão. Você encontra uma lacuna no mercado. Um aspecto inexplorado da sua paixão... um livro esperando para ser escrito. A falta de uma comunidade que trate da sua paixão... um *website*. Uma necessidade ou um desejo para outros que sejam impetuosos... um negócio. Sua paixão está presente para preencher a lacuna.

Ou você encontra um defeito na expressão da sua paixão. Você descobre que estão faltando informações, que a educação é deficiente, o acesso é difícil e as necessidades não são satisfeitas. Você está presente com a sua paixão para corrigir esses defeitos.

Ou você encontra estagnação. Sua paixão carece de inovação. Sua paixão carece de entusiasmo ou apoio. Sua paixão carece de ação. Você está presente com sua paixão para injetar nova vida na composição.

Seu propósito é definido por essas oportunidades. Tudo o que você tem que fazer é perguntar: e se? E se houver uma maneira melhor? E se mais pessoas tivessem conhecimento disso? E se houver um acesso mais fácil? E se estiver faltando uma solução?

Essas perguntas do tipo "e se" geram uma meta para você seguir, um propósito onde você colocará sua paixão. Siga o "e se" e você terá seu negócio, terá sua causa... terá sua missão.

Combine sua paixão com o propósito que surge e você poderá avançar para causar seu impacto.

Você tem seu negócio assentado em uma missão. Você tem seus esforços assentados em uma missão. Você tem suas contribuições para o mundo assentadas em uma missão.

Canalize sua paixão, encontre seu propósito e construa sua missão. Você chegou munido com o que todos os milionários estão munidos... com sua paixão, seu propósito e sua missão. Esta é a alma do milionário desperto. Esta é a sua alma que adquiriu vida.

Agora, combine-a com dinheiro...

Capítulo 24

A Alma do Dinheiro

Eles me consideram louco porque me recuso a vender meus dias por ouro; e eu os considero loucos porque eles acham que meus dias têm um preço.
– Kahlil Gibran

A alma no dinheiro

Uma coisa é estar livre da famosa guerra do dinheiro, livre da vitimização e viver com um relacionamento saudável com o dinheiro. Algo inteiramente diferente é derramar sua alma no dinheiro que você ganha, conferir a ele uma missão e um propósito próprios.

É por isso que os milionários despertos ganham dinheiro. É por isso que começamos negócios, criamos organizações, servimos clientes e ganhamos dinheiro: porque nossa paixão, nosso propósito e nossa missão conferem significado e sentido ao nosso dinheiro. É por isso que dedicamos tempo, esforço e empenho para expandir nosso negócio. É por esse motivo que o empreendedorismo está na origem do caminho do milionário desperto. Sem dúvida você pode ganhar dinheiro com um bom emprego e poucas despesas... mas sua paixão e seu propósito são reprimidos pelo tempo e pela energia que você gasta nas missões de outras pessoas.

Esse não é você. Você abre um negócio porque sua missão exige isso.

Sim, o milionário desperto pode viver com conforto, luxo e comodidade. Cuidar de si mesmo não o torna uma pessoa menos poderosa, entusiasmada e impulsionada pela missão.

Mas você não gasta tudo consigo mesmo. Você não acumula dinheiro de maneira que ele fique escondido da luz. Você confere a ele o poder da sua nobre missão... e depois faz com que esse dinheiro entre em ação, ponha mãos à obra, para elevar sua missão e causar seu impacto.

Eis como as coisas são na vida real:

Há um novo movimento surgindo no ecossistema do empreendedorismo, a empresa social. A companhia, fundada com base em uma missão, é alimentada pelo desejo de fazer a diferença e ao mesmo tempo ter lucro. Ela é impulsionada pelo desejo de resolver um problema social.

As empresas sociais não são empresas sem fins lucrativos. Elas usam a estrutura dos negócios lucrativos para promover e superar os desafios sociais que acreditam que podem ser superados. Por exemplo, um produto ou serviço que você vende... e parte dos lucros vai diretamente para a solução de um problema social.

Uma empresa que pode contratar pessoas que precisam de emprego, sejam elas mães solteiras, pessoas deficientes. Uma empresa que coloca em contato uma empresa sem fins lucrativos com outras companhias com fins lucrativos. Você constrói relacionamentos do tipo ganha-ganha-ganha que elas não teriam formado sozinhas.

Ou você tem uma empresa que não é apenas sua, que também pertence a outras pessoas que beneficiam igualmente seus clientes, seus funcionários ou as pessoas que você serve. Não existe limite para o que você pode criar.

Independentemente da sua paixão, existe uma maneira de torná-la lucrativa. Independentemente do seu propósito, existe uma maneira de apoiá-lo em um negócio. Independentemente da sua missão, existe uma maneira de transformar seu dinheiro em um impacto nobre.

Não revolucione apenas seu relacionamento com o dinheiro; revolucione suas ideias a respeito de como o dinheiro pode empoderar o trabalho da sua alma. Esse é o caminho do milionário desperto empreendedor.

Capítulo 25

Invista em Você

Se o dinheiro é sua esperança de independência, você nunca a terá. A única verdadeira segurança que o homem pode alcançar neste mundo é uma reserva de conhecimento, experiência e capacidade.

— HENRY FORD

Invista

Não existe nada perfeito. Não existe o milionário desperto plenamente realizado.

Você sempre vai crescer. Você sempre vai continuar a crescer, e se um dia deixar de crescer é porque saiu do caminho e precisa voltar. Assim como você precisa respirar para viver, precisa crescer para vicejar.

O crescimento do milionário desperto enfatiza um profundo entendimento que você tem: o mundo está sempre mudando. Não há estagnação no mundo real. Nada permanece da mesma maneira para sempre. Tudo à nossa volta é perturbado e revitalizado. A mudança é a única constante.

Você precisa mudar com o mundo ao seu redor. Sua missão precisa se adaptar às novas realidades de vida das pessoas. E você, enquanto pessoa, precisa crescer constantemente para corresponder às exigências que você enfrenta.

Ouvimos falar de pessoas que não mudam. Você não é assim. Esse não é o milionário desperto. Você abraça a mudança. Você vive para o crescimento. O crescimento é emocionante e a mudança é desafiante. É sua alma se estendendo para fora e para a frente, sempre.

Mas isso não diz respeito apenas à necessidade. Diz respeito ao amor. Construa seu amor para o crescimento e vivenciará uma realização que nunca conheceu. Quando você se empenha em evoluir, enxerga a diferença entre você hoje e ontem, há uma semana, um mês, um ano... há dez anos. Dar-se conta dessa evolução torna você ainda mais poderoso. Você está fixado no ímpeto constante da evolução, e as transformações que vivenciar serão instantaneamente visíveis, agora e por muito tempo no futuro.

É por meio do crescimento que a nossa fórmula adquire vida. Sem crescimento, fundir a alma com o dinheiro não tem nenhum efeito. Não há uma evolução mútua. Mas, com o espírito do crescimento, a fórmula respira profundamente e se expande amplamente.

Alma + Dinheiro = Mais Alma + Mais Dinheiro... quando há crescimento para alimentar essa fórmula. Você está no centro de tudo – seu crescimento determina para onde você pode ir. Sem você, não há paixão, não há propósito e não há missão. Sem você, sua missão não existe. Você fornece combustível à missão que adquire vida, e é sempre necessário reabastecer algo que dependa de um combustível. É por isso que você se compromete com o crescimento – para alimentar sua alma, enquanto sua alma alimenta sua missão.

Então você busca novas experiências, porque isso é crescimento. Você faz cursos e se inscreve em aulas, porque isso é crescimento. Você procura um mentor, porque isso acelera o crescimento. Você descansa, para poder continuar a crescer no dia seguinte. Você medita para repor sua energia, para poder crescer holisticamente. Você se diverte... porque somente assim tudo isso poderá durar.

Sendo assim, pergunte a si mesmo: como você pode melhorar? Se você não sabe, descubra. Como pode se reinventar? Se não sabe, experimente. Como você pode descobrir o que é possível? Se não sabe, tente algo novo.

Você está aqui porque deseja causar um impacto. Você deseja levar o bem para o mundo. Você deseja mudar o mundo, curar o mundo, elevar o mundo e fazer o mundo evoluir.

Você pode fazer isso.

Mas o quanto pode depende de até onde você é capaz de crescer e do que é capaz de se tornar. Depende de você estar disposto a se comprometer com uma contínua descoberta. Dedique-se a um estilo de vida de constante crescimento. Comprometa-se com uma evolução persistente – não porque você deva fazer isso, mas porque é emocionante, e o milionário desperto adora uma emoção.

Na sua vida pessoal, no seu negócio, em casa, nos seus relacionamentos, com a sua família... você precisa sempre promover a melhora, a reinvenção e a descoberta.

Um estilo de vida de constante crescimento... esse é o estilo de vida do milionário desperto.

Capítulo 26

Seu Guia Interior

A melhor maneira para uma pessoa ter pensamentos felizes é contar suas bênçãos, e não seu dinheiro.

— Autor desconhecido

Seu guia

Dinheiro. Alma. Poder. Paixão. Propósito. Missão. Negócios. Aprimoramento. Reinvenção. Descoberta. Apenas uma dessas coisas é suficiente para oprimir muitas pessoas, mas não você, o milionário desperto.

Por quê?

Porque você tem sua arma secreta. Antes da racionalidade, antes do pensamento crítico, antes de planejar e programar, antes de fazer malabarismos, repousa a simples solução que lhe dá o poder para controlar todas essas forças – a sua intuição.

A intuição é sua guia, sua bússola e seu tomador de decisões. É sua convicção em ação e não requer nenhuma habilidade especial. Ela exige apenas que você escute e aja.

Sua intuição está falando com você, agora, neste exato momento. Você a está escutando? Enquanto você avista o apogeu que se esforça para alcançar, enquanto vê os frutos da sua paixão e enquanto imagina o impacto que sua missão irá causar, sua intuição já está trabalhando para encontrar o melhor caminho a seguir.

É por isso que você não precisa de mapas nem de planos. Há momentos em que você deve listar suas alternativas e assim expandir suas opções, mas somente com o objetivo de empoderar sua intuição para que ela o guie. À luz da sua intuição, é possível encontrar dinheiro, cultivar a alma, exercer o poder, criar a paixão, descobrir o propósito, determinar a missão, dirigir um negócio; a melhora pode ser natural, a reinvenção pode ser fácil e a descoberta pode se tornar um hábito.

A intuição é seu guia; permita então que ela o seja. Nunca se deixe seduzir pela ideia do imediato. Não existe alma, espírito nem aventura naquilo que é imediato. E as coisas não precisam ser imediatas. A sua intuição cuida disso.

Tudo o que você precisa fazer é abraçar tudo o que está diante de você e escutar o que deve fazer em seguida – e então agir. Dê um passo, sua intuição sabe qual deve ser o passo seguinte. Se você chegar a uma encruzilhada, sua intuição indicará o caminho que deve seguir. Se você enfrentar um desafio, sua intuição o guiará em segurança através dele.

Você não tenta acessar sua intuição. Você não tenta ativar sua intuição. Você simplesmente sai do caminho. Você presta atenção ao que sua intuição já está lhe dizendo. Você olha para o que está diante de você, e o próximo passo surgirá. Sua intuição está guiando você.

Você se senta tranquilamente e deixa que sua mente divague, e a ideia brilhante surgirá. Sua intuição está apoiando você. Abrace sua paixão enquanto observa o mundo, e sua missão se definirá. Sua intuição está inspirando você.

Se você tem a impressão de que não consegue acessar sua intuição, não é porque ela não esteja presente. Sua intuição está viva, bem e ativa. Você só precisa fazer ficar quieto, se acalmar e escutar.

Dedique algum tempo para repousar, descansar e pensar, um tempo para se aprimorar, meditar e deixar sua mente divagar. Sua intuição emergirá.

Você não está detendo sua mente lógica. Você não está interrompendo o processo de reflexão e análise. Você não está bloqueando seu pensamento crítico. Há momentos importantes para a lógica, para a reflexão, para a análise e para o pensamento crítico. Mas você está permitindo que sua intuição tome a decisão final. Ela está levando em consideração cada fibra da sua mente, da sua alma, dos seus pensamentos, das suas emoções, das suas paixões e dos seus esforços. Sua intuição está presente com a resposta. Escute o que ela tem a dizer e, quando ouvir a resposta, aja.

Aja com a convicção de um mestre da improvisação. A improvisação é sempre a expressão da decisão tomada pela intuição. A improvisação é o movimento da intuição. Improvisar é mais do que inventar as coisas de repente. Improvisar é enunciar o que a intuição decidiu.

Você já conhece esse espírito de improvisação. Quando você conversa, está improvisando. Quando você está explorando uma região da cidade que você não conhece, você vira à esquerda ou à direita baseado nos seus instintos de improvisação. Quanto mais você abraça esse transe encontrado na constante improvisação, mais movimento você terá e mais rápido você avançará.

Siga sua intuição. Siga essa expressão pura da intenção da sua alma. Siga a enunciação da sagacidade da sua mente. Relaxe e simplesmente siga sua intuição. Ela lhe fornecerá a decisão que você precisa, e sua improvisação lhe dirá como caminhar.

Uma singular confiança surge quando você segue sua intuição, e ela emerge quando você vê os resultados das suas ações. Quando você percebe como sua intuição o guiou corretamente, você exala uma nova convicção, que empodera sua intuição para que ela cante com mais força.

Mas e se você se esvaziar, se aquietar e escutar... e não ouvir a voz da sua intuição?

Então simplesmente dê um passo, qualquer passo, um pé diante do outro, sem pensar para onde está indo ou de que maneira. Nesse momento, sua intuição entrará em ação, não apenas porque é necessária, mas porque está livre de uma orientação restritiva. Você não tem ideia de qual será o passo seguinte, porque não sabe para onde está indo. Abrace isso, e sua intuição estará presente.

Mas não é só orientação que você vai encontrar na sua intuição. Você vai encontrar uma coragem que nunca conheceu: você pode enfrentar agora qualquer desafio. Você pode fazer agora o que mais ninguém fará. Você pode fazer agora o que os outros consideram absurdo ou perigoso.

Você encontra essa coragem porque tem a convicção de que sua intuição o guiará através de tudo.

Não existe nenhum desafio que sua intuição não possa enfrentar. Isso não significa que todos os desafios serão fáceis. Não significa que você sairá incólume. Significa, isso sim, que você encontrará uma saída, se ela existir – e ela quase sempre existe.

Aja com audácia. Aja com coragem. Aja rápido. Aja com pompa. Aja com intenção. Aja sem hesitar. Corra riscos. Faça o que mais ninguém faria.

E siga sua intuição, a arma secreta do milionário desperto, para encontrar as respostas que você procura.

Capítulo 27

Por Onde Começar

Precisamos transformar o ato de ganhar dinheiro em um jogo. Podemos fazer um bem enorme com o dinheiro. Sem ele, ficamos restritos e tolhidos, e nossas escolhas tornam-se limitadas.

— Bob Proctor

Comece no movimento

Chegamos ao capítulo final desta jornada, mas a aventura só começou.

Quero encarregá-lo de uma missão excepcional. Uma missão que só pode ser cumprida se colocada nas mãos de um milionário desperto. Uma missão que encerra ao mesmo tempo um peso nobre e uma imensa alegria. É uma missão urgente.

Eu deixo você com a missão de criar um movimento comigo. Um movimento que é maior do que você e do que eu, um movimento que é urgentemente necessário em um mundo que anseia por mudança.

Assim como a maior parte das pessoas, você abriu este livro com um pensamento, que foi fundamental para definir se continuaria ou não a lê-lo: "O que tenho a ganhar com isso?".

Não há nada errado com esse pensamento. Como você viu, você tem muito a ganhar com este livro. Há um relacionamento transformado com o dinheiro esperando por você. Há a união de um poder espiritual com a prosperidade financeira esperando por você. Há empoderamento e evolução esperando por você. Há a transformação da paixão em lucro. Há a ativação da sua intuição como sua suprema força orientadora. Há um despertar esperando por você.

Essas realidades são, por si só, tesouros e recompensas que podem levá-lo até onde você permitir que o levem mas, como você avançou comigo até este ponto, revelei níveis de sofrimento e desafios na sua vida que talvez o tenham surpreendido e, na condição de uma alma evoluída, você não pode ignorá-los.

Você se deu conta da batalha esquizofrênica que acontece na sua cabeça. Se deu conta do relacionamento pútrido que tinha com o dinheiro. Se deu conta do imenso dano que a vitimização causou na sua vida. Se deu conta das convicções que estão refreando você, convicções herdadas da sua família, dos seus amigos e da sociedade. Se deu conta da cisão entre seu nobre propósito e sua sobrevivência prática.

Esse mundo que eu mostro para você está assolado pela carência, pela vitimização e pelo sofrimento causado por inimigos imaginários, como o dinheiro maligno, mas que causam danos com consequências reais.

Você procurou este livro esperando transformar sua paixão em lucro. Você procurou este livro querendo vivenciar a riqueza de um milionário. Você procurou este livro querendo despertar e evoluir. Você procurou este livro querendo compreender a riqueza espiritual, e eu plantei em você as sementes para levá-lo até lá e mais além.

Mas eu quero plantar mais uma semente, a semente do movimento do milionário desperto.

Nesse movimento, não se trata mais de "o que tenho a ganhar com isso?". Esse movimento consiste de "o que nós temos a ganhar com isso?".

Pegue este momento, detenha-se e olhe para si mesmo onde você está agora. Eu lhe entreguei as chaves do poder do milionário desperto. Se você pegar esse poder, acalentá-lo, cultivá-lo e caminhar com ele, toda paixão, toda prosperidade e todo lucro que você puder reunir poderão ser seus.

A verdade é que eu não fiz isso por você. Não lhe entreguei esse caminho apenas para seu benefício – eu o fiz por nós. Como você aprendeu quando se livrou da vitimização, assumir a responsabilidade é o empoderamento que o desperta. Essa grande responsabilidade é acompanhada de um grande poder, mas esse grande poder é acompanhado de uma responsabilidade.

Você tem agora o poder do impacto. Você detém o poder da transformação. Você pode desejar o poder da evolução. Você exerce o poder da transcendência. Você personifica o poder do despertar.

Embora eu deseje que você use esse poder para melhorar a sua própria vida e vivenciar sua própria riqueza e sua abundância espiritual, eu não o entreguei a você para que o guarde para si mesmo, mas para que o distribua aos outros. Eu o entreguei a você para que possa ajudar a curar um mundo que está assolado pela vitimização, tem um relacionamento corrompido com o dinheiro e que não consegue associar a natureza espiritual da nossa vida com a vida do dia a dia. Eu o entreguei a você para que possa se tornar um agente de mudança.

Olhe para o mundo à sua volta. Estenda sua imaginação para abraçar as realidades dos milhares de vidas que o circundam neste momento. A existência de alguém com os seus poderes, os poderes do milionário desperto, é extremamente necessária neste mundo. Seu impacto pode elevar todos nós. Seu impacto precisa elevar todos nós. Essa é a responsabilidade do milionário desperto.

Por que vivemos a nossa vida fingindo muitas vezes não ver o nosso sofrimento e o sofrimento dos outros? Por que você viveu tanto tempo assediado pelo espectro maligno do dinheiro? Por que você permaneceu aprisionado na vitimização subconsciente sem se opor a isso?

Fingimos que não vemos porque nos sentimos impotentes. Sentimos que não temos nenhum controle. Sentimos que nada que pudéssemos fazer poderia mudar as realidades na vida das pessoas. Você se sente assim agora?

Caso se sinta, não cumpri minha missão, porque você deveria estar repleto de um novo sentimento de poder, de uma marcante compreensão sobre o nobre propósito e a nobre missão e com um relacionamento transformado com o dinheiro – que um dia foi um inimigo, mas que hoje é um aliado.

E, mais do que tudo, você deveria ter novos olhos, enxergando em plena luz, vendo a realidade diante de você e não apenas as sombras da realidade tremulando nas paredes.

Vou um pouco mais além com essa ideia. Imagine, por um momento, que você tem a capacidade mágica de ver e vivenciar a vida de todas as pessoas da sua pequena ou grande cidade e de penetrar nela. Imagine que você está se deslocando pela rotina diária dessas pessoas. Imagine que está presenciando as brigas a respeito de dinheiro, o estresse no rosto delas e o sentimento opressivo de quem está aprisionado. Imagine como a rotina delas está envolvida na experiência da vitimização, que se irradia a cada passo que dão. Veja essa batalha pelo dinheiro, o estresse da vida, a vitimização e o conflito dentro de uma jaula como uma aura energética que as circunda. Essa aura acompanha essas pessoas em todos os lugares para onde elas vão.

Imagine que essa aura deixa uma película densa por todos os lugares por onde elas passam. Todas estão pintando essa película por toda parte com essa vitimização, com esse estresse, com essa luta e com esse conflito silencioso com o dinheiro.

Essa pequena aventura imaginária que você acaba de viver é muito próxima à realidade, e você era uma dessas pessoas. O problema é que pensamos em nossas vidas como se estivéssemos em bolhas autônomas. O que sentimos, pensamos, vemos e fazemos é nosso, nos afeta. É claro que também afeta nossos amigos, nossa família e nossos entes queridos. Mas o grande impacto é sobre nós.

Isso é uma ilusão. É uma maneira tacanha e egocêntrica de olhar para nós mesmos que não está nem mesmo perto da realidade.

Somos seres tão poderosos que propagamos por toda parte tudo o que sentimos, pensamos e vemos, em todos os lugares por onde passamos. Espalhamos nossa vitimização. Espalhamos nossos conflitos. Espalhamos nosso estresse do dia a dia. Não é a nossa intenção fazer isso, mas é o que fazemos.

A face maligna não é o dinheiro; agora você sabe disso. A verdadeira face maligna que encaramos é o sofrimento difundido com o qual manchamos todo nosso ambiente.

Existe esperança. Você é a esperança. Nós, na condição de milionários despertos, somos a esperança.

Quero que você cumpra o seu papel como essa esperança... e quero apresentar uma última imagem.

Quero que você imagine que se tornou o milionário desperto. Quero que imagine que renasceu com o poder da paixão, do propósito e da missão. Quero que imagine que irradia esse poder a partir de cada fibra do seu ser. Quero que imagine que esse poder é mais contagioso do que qualquer sofrimento que você já tenha vivenciado.

O que aconteceria se você caminhasse pela sua vida, pela sua comunidade e pelo mundo à sua volta propagando esse poder do milionário desperto?

Que transformações todos vivenciaríamos? Se você começasse a ganhar dinheiro desperto com sua alma e sua missão, que impacto você poderia causar? Quantas vidas poderia transformar?

Mas isso vai ainda mais longe.

Quantas pessoas você poderia ajudar a despertar? Para quantas pessoas você poderia mostrar a verdadeira natureza do empoderamento e da responsabilidade? Quantas pessoas você poderia estimular para que se juntassem a você como milionários despertos... não com sermões ou tentando convertê-las, mas pelo mero impacto das suas ações? Que tipo de força para o bem você é capaz de se tornar?

Afirmo que você pode se tornar uma força de incalculável magnitude, e agora que já teve uma pequena prova desse poder, asseguro que você tem a responsabilidade de compartilhá-lo, transformá-lo e distribuir prosperidade com ele. Essa é a incumbência do milionário desperto. Essa é a maior missão que coexiste com a sua missão pessoal. Esse é o movimento que está crescendo e que estou promovendo aqui hoje.

Quero que você seja próspero. Quero que você tenha todo o dinheiro que desejar ter. Quero que você ganhe esse dinheiro com o poder da sua paixão e da sua alma. Quero que você viva qualquer aventura ou experimente qualquer luxo que escolher. Quero que você desfrute completamente a liberdade que essa prosperidade pode lhe oferecer.

Mas eu quero que você pergunte: "O que nós temos a ganhar com isso?".

Quero que você se torne um líder dedicado a erradicar esse mal que é o sofrimento. Quero que você viva de acordo com o "Credo do Milionário Desperto" para poder causar o impacto que somente um milionário desperto pode causar.

Quero que você se junte a mim, não apenas em expressiva prosperidade, mas também em profundo impacto. Meu amigo, minha amiga, estou aqui esperando por você. Você se juntará a mim? É a sua vez.

Epílogo

Você está caminhando por uma floresta de sempre-vivas altas. As urtigas são suavemente trituradas sob seus pés. Você escuta ruídos assustadores atrás de você, como trovões ou disparos de armas – uma frenética agitação de notas de uma ópera trágica. Você está em paz.

Há poucos instantes, você estava assolado pela culpa da deserção e aturdido com medo do inimigo. No entanto, tudo isso parece distante. Você não sabe por quê. Não precisa saber por quê.

A lama que secou e endureceu no seu rosto racha quando você ameaça um sorriso tranquilo. A impressão que você tem é de que fazia muitos anos que não sorria. Você continua a andar.

Você roça as mãos calejadas nas árvores enrugadas. Sente a bruma mordiscando seus calcanhares. Seu andar é suave.

A distância, uma luz clara atravessa a floresta. Você avista uma clareira e, quando chega à linha de árvores, repara que a bruma está diminuindo, recuando para a floresta.

Você vê, à sua frente, rostos bondosos que o saúdam. Mas o que mais o impressiona é o cheiro das roupas limpas das pessoas. O cheiro de roupas limpas – um odor esquecido por soldados há muito tempo no campo de batalha. É inebriante.

Você é cercado pelo grupo. Eles estendem as mãos para saudá-lo, e os calos deles são apenas um leve indício do que certamente um dia já foram.

"Seja bem-vindo", diz um deles. "Seja bem-vindo de volta ao lar", diz outro.

Uma mulher dá um passo à frente. "Estávamos aguardando você. Há tanta coisa esperando por você."

E, nesse momento, tudo se ilumina.

"Eu sei", você diz, e faz uma longa pausa, sem acreditar nas palavras que está prestes a proferir: "Mas antes preciso fazer uma coisa".

Você olha para baixo e esfrega suavemente o polegar nos seus calos. O sol é tão acolhedor nas costas das suas mãos. O cheiro das roupas limpas é tão inebriante. E o sono...

Você respira profundamente. Sorri compassiva e deliberadamente. Você se vira e caminha de volta, em direção à bruma, com os ruídos assustadores esperando por você.

Os outros que lutaram ao seu lado continuam lá, ainda atirando coisas inúteis e balas contra uma fileira de árvores massacradas. Eles não sabem por que estão lutando, mas lutam sem cessar, incansavelmente.

São boas pessoas. Você precisa trazê-las de volta para casa. Você e seu sorriso consciente são envolvidos pela bruma.

Você voltará.

Seção Bônus

A Prece do Milionário Desperto

(Baseada em *The Secret Prayer,* de Joe Vitale)

Obrigado. Obrigado por tudo o que vejo e não vejo e que me ampara. Obrigado pela minha vida, pelo meu ser, pela minha mente, pela minha alma e pela minha intenção de fazer o bem para o mundo. Obrigado pelo lugar onde vivo, pela minha renda, pelas minhas ideias, pela energia e pela disposição de ser bem-sucedido. Obrigado pelo planeta que sustenta a vida em mim e ao meu redor. Obrigado pelos meus parentes e ancestrais que contribuíram para tudo o que há de bom em mim. Não tenho como expressar minha gratidão. Sinto essa gratidão profundamente no meu ser e sou grato por tudo que me formou.

Peço dinheiro e consciência para que eu possa doar minha paixão para o mundo de uma maneira que gere lucro e ao mesmo tempo faça diferença. Peço que me sejam mostradas as maneiras de alcançar meus nobres objetivos e peço também clareza e disposição para agir motivado por elas. Peço que minha saúde e minha riqueza não apenas ajudem a mim, minha família e meus amigos, mas também a comunidade e o mundo. Peço que isso ou algo ainda melhor entre agora na minha vida e transforme todos nós, para bem maior de todos.

Prometo agir movido pelas ideias e oportunidades que se apresentarem a mim, prestando atenção à minha inspiração, à minha intuição e ao meu intelecto, sabendo que fazer minha parte no mundo ajudará a criar conjuntamente os resultados que desejo ver para mim mesmo e para os outros. Ouvirei e agirei, refletirei e prosseguirei, ciente de que cada passo ao longo do caminho é tanto a jornada quanto o destino.

Na condição de milionário desperto, defendo os ideais que criam um mundo do trabalho baseado no amor, na paz e na paixão.

Que assim seja. Assim é. Obrigado. Amém.

O Manifesto da Abundância: Dez Princípios

Em 1962, Ben Sweetland escreveu o seguinte: "O mundo está repleto de abundância e oportunidades, mas muita gente vem para a fonte da vida com uma peneira em vez de um caminhão-tanque... com uma colher de chá em vez de uma escavadeira. Elas esperam receber pouco e, como resultado, recebem pouco".

E você? Que recipiente você está levando para a fonte da vida? Seja qual for, espero que seja grande e digno de tudo o que você é – porque você o merece. No entanto, para muitas pessoas, essa questão de merecimento causa confusão. Elas não entendem que é *direito inato* delas ter tudo o que a vida tem a oferecer.

Você o mereceu no dia que nasceu.

Tendo isso em vista, o que impede as pessoas de terem acesso à abundância que é delas por direito?

Acredito que a resposta seja encontrada nestes dez princípios, sobre os quais escrevi pela primeira vez no meu *blog*, antes do lançamento do meu programa de áudios *The Abundance Paradigm: Moving from the Law of Attraction to the Law of Creation* [O paradigma da abundância: passando da Lei da Atração para a Lei da Criação]. Ali estão minhas observações a respeito de como você pode atrair a riqueza pessoal e planetária – e de como eu deixei de ser um sem-teto e me tornei um multimilionário.

Sem dúvida, a abundância é mais do que dinheiro, de modo que essas ideias são mais abrangentes do que você poderá pensar a princípio.

A abundância diz respeito a viver em um mundo de possibilidades – e agir rapidamente, motivado por aquelas que o inspiram de forma divina. Apenas uma coisa pode impedi-lo... sua mente. Por sorte, você pode mudar isso.

Com este pequeno relatório extra, *O Manifesto da Abundância*, você pode expandir sua capacidade de receber todas as coisas boas da vida – e jogar fora aquela colher de chá.

De uma vez por todas.

Introdução
Os dez princípios da abundância

> *A abundância não é algo que adquirimos.*
> *É algo com o qual nos sintonizamos.*
>
> – Wayne Dyer

Todos nós podemos aproveitar mais abundância em alguma área da vida, mas, antes de qualquer coisa, na maioria dos casos, a grande questão é reconhecê-la.

A vida é, pura e simplesmente, abundante.

Se você não vive nessa abundância, ou não a sente, é porque bloqueou temporariamente sua consciência sobre ela.

É a isso que este livro se presta – ajudar as pessoas a tomar consciência sobre como bloqueiam a abundância e as maneiras para ter acesso a ela.

Há dez princípios, cada um formulado em um tópico, junto com um exercício para expandir o conceito apresentado no tópico em questão. Recomendo que você primeiro leia todos os tópicos de uma vez e depois volte, relendo um por vez. Torne esse princípio o foco do seu dia. Quando terminar, recomece e continue esse processo por pelo menos trinta dias.

Com o tempo, a abundância permeará cada célula do seu corpo, tornando-se normal e natural para você.

Você descobrirá que a abundância estava com você o tempo todo. A sua busca terminou.

Primeiro princípio
Verás a realidade alternativa

> *Quando você é grato, o medo desaparece e surge a abundância.*
> – Anthony Robbins

A cada momento, você faz uma escolha. Você pode ver diante de você a limitação ou a abundância.

A vida é uma ilusão de óptica. O que você vê depende do seu *mindset*, e seu *mindset* depende da sua programação. Como quase todos nós somos programados pela mídia – que só foca na negatividade – e pela nossa educação, nossos pais e tudo o mais que nos cerca, quase todos enxergamos a realidade da escassez.

No entanto, a realidade da abundância também existe.

Em outras palavras, você vê uma mulher velha ou jovem nas famosas obras de arte do final do século XIX? Isso depende do seu foco. Relaxe a sua perspectiva e poderá perceber que as duas mulheres existem.

O mesmo se aplica à realidade.

Está na hora de deixar de ver o mundo como baseado na escassez e no medo e passar a enxergar o mundo, que também existe, que se baseia na abundância e no amor. Você tem uma escolha. Permita que seus olhos vejam o novo mundo.

Exercício

Pense em alguma situação do seu passado que o tenha perturbado na época, talvez um relacionamento que terminou ou um emprego que você deixou – e depois faça as seguintes perguntas (você pode substituir a palavra "situação" por "pessoa", se for mais adequado):

- ▶ Como você via a situação na época e de que maneira você compreendia o que aconteceu?
- ▶ O que a fez parecer negativa?
- ▶ Pense agora a respeito do lugar onde você está hoje. Quando você olha para trás, que dádiva ou benefício você recebeu por isso ter acontecido?
- ▶ Essa situação serviu a que propósito ou que papel ela teve na ocasião?
- ▶ De qual dádiva ou benefício você está desfrutando agora por causa dessa situação ou por conta do que aprendeu com ela?

Agora pense em alguma coisa perturbadora que esteja acontecendo neste exato momento na sua vida e responda às mesmas perguntas.

- ▶ Como você vê a situação e de que maneira você compreende o que está acontecendo?
- ▶ O que a faz parecer negativa?
- ▶ Que dádiva ou benefício você está recebendo por isso estar acontecendo?
- ▶ Essa situação serve a que propósito ou que papel ela tem?
- ▶ Olhando para o futuro, como ela poderá ser vantajosa para você?

Dizem que visão retrospectiva é mais apurada, porque podemos enxergar a perfeição de algo a distância. Mas não precisamos esperar para ver as dádivas. Podemos escolher ver a abundância agora.

Segundo princípio
Cultuarás a paixão

> *Nunca me envolvi com um negócio para ganhar dinheiro – mas descobri que, se eu me divertir, o dinheiro virá.*
>
> – Sir Richard Branson

A visão de mundo baseada na escassez cultua o dinheiro. A visão da abundância cultua a paixão.

Quando você se concentra em fazer aquilo pelo que é apaixonado, o dinheiro virá naturalmente (desde que você pratique os outros nove segredos do *Manifesto da Abundância*). A paixão diz respeito à alegria que você extrai de fazer alguma coisa que lhe interessa e que se sente inspirado a fazer.

A paixão é a energia da inspiração Divina vivendo através de você. Quando você expressa paixão, você expressa amor. Quando você vive a partir do amor, você vivencia a essência abundante do Universo. Afaste os olhos do dinheiro e dedique-se a seguir sua felicidade – a seguir sua vocação na vida, ou missão. Esse é o caminho direto para a abundância.

Exercício

Pense em alguma coisa que goste de fazer que:

a) Quando você se imagina fazendo, não consegue parar de sorrir.
b) Faz algum tempo, ou muito tempo, que não se dedica a ela. Pense em algo muito simples e acessível, como:

- Um passeio que você faz sozinho ou com alguém que ama.
- Brincar com seus filhos ou animais.
- Cuidar do jardim ou fazer tricô.
- Aprender e praticar um novo idioma ou instrumento musical.
- Ouvir música.

Passe os próximos cinco minutos imaginando que você está praticando essa atividade, levando em conta o seguinte:

- O que você vê? Quem está com você?
- Que sons você ouve? Risos? Conversas?
- Onde você está? No parque? Em uma aula? Em casa?
- Você pode tocá-la? Como você a sente nas mãos ou junto ao seu corpo?
- Que emoções positivas você está sentindo? Serenidade? Contentamento? Entusiasmo?

Anote um horário para efetivamente executar essa atividade, com a intenção de cumprir sua promessa, hoje ou nesta semana. Se alguma pessoa estiver envolvida com você na atividade, fale com ela e compartilhe sua visão, junto com quaisquer detalhes a respeito de como você gostaria que ela fosse. Decidam juntos qual o melhor horário para ambos.

Sempre existe alguma coisa que podemos fazer hoje para atrair mais paixão e alegria para nossa vida, mesmo que seja apenas um pequeno passo. O que importa é a direção.

Terceiro princípio
Doarás 10 por cento de toda a renda

> *Pagar o dízimo é a aplicação que dá o maior retorno ao seu investimento.*
> – Sir John Marks Templeton

O antigo princípio do dízimo determina que você dê 10 por cento do que recebe de presente para o lugar de onde recebeu inspiração.

Doar resulta em receber.

Doar é a natureza do Universo.

Quando você doa, você entra no fluxo da vida. Doar é a essência da abundância. Doe para o local de onde você recebe alimento espiritual ou inspirador.

Desconsiderar esse segredo significa que você ainda acredita na escassez, caso contrário você doaria.

Doar é uma declaração concreta de abundância.

Exercício

1) Pense em uma área da sua vida na qual você ache que tem recursos suficientes. Esses recursos podem ser tangíveis ou intangíveis, como dinheiro, tempo ou alguma outra coisa que valorize. Seja o que for, a partir de hoje e durante os próximos trinta dias, doe anonimamente uma parte desses recursos.
2) Anote quanto dinheiro você recebeu este mês – sua renda total. Quanto é 10 por cento disso? Depois, se estiver pronto, doe essa quantia hoje para um lugar de onde você receba apoio espiritual. Se achar que 10 por cento é muito, decida que percentual você pode doar e doe.

Quando tomei conhecimento desse princípio, tive medo de doar meu dinheiro e por isso comecei pelo que achei que tinha suficiente para doar – livros.

Uma coisa leva à outra e, uma vez que vislumbrei a verdade do dízimo, comecei a doar meu dinheiro. Isso trouxe mais abundância não apenas para as minhas finanças, mas para todas as áreas da minha vida.

O dízimo potencializa e multiplica o que você já tem.

Quarto princípio
Manterás a mente clara

> *Existe uma mentira que age como um vírus dentro da mente da humanidade, que é a seguinte: "Não há bens suficientes para circular. Há falta, há limitação e simplesmente não há o suficiente". A verdade é que os bens existentes são mais do que suficientes para circular. As ideias criativas são mais do que suficientes. O poder existente é mais do que suficiente. O amor existente é mais do que suficiente. A alegria existente é mais do que suficiente. Tudo isso começa a aparecer na mente que está consciente da sua natureza infinita. Há o suficiente para todos. Se você acredita nessa verdade, se consegue enxergá-la, se você agir a partir dela, ela aparecerá para você. Essa é a verdade.*
>
> – MICHAEL BECKWITH

A clareza mental conduz à pura abundância.

As convicções sobre o fato de não haver o bastante de qualquer coisa têm origem na escassez, não na abundância. As convicções de que o dinheiro é mau ou de que não há o suficiente para todos desencadeiam ações de autossabotagem e profecias autorrealizáveis.

Você alcança a clareza mental por meio desses dez princípios e desprogramando a mente da história de conflito e escassez.

A mente clara deixa de ser vítima e torna-se cocriadora. Ela não é mais reacionária e agora é responsiva. Ela não está mais perdida e agora é clara.

Exercício

A maioria das pessoas associa o dinheiro à abundância, e por isso vamos usá-lo como exemplo para a realização deste exercício. No entanto, não se atenha apenas ao dinheiro – faça o exercício para outras áreas da sua vida que você gostaria de ver progredir.

Escreva qual foi sua renda este mês. Agora duplique essa quantia e também coloque esse valor no papel.

Pergunte a si mesmo: "Consigo ver a mim mesmo sendo capaz de criar ou receber esta quantia?".

Se a resposta for sim, duplique o valor novamente e faça a mesma pergunta. Continue a fazer isso até que a resposta seja não.

É nesse ponto que as convicções limitantes começam a se revelar, coisas como: "Sou assalariado, não dá para ganhar mais do que isso. Isso não é realista. Dinheiro não cresce em árvores. Esse valor é alto demais. Seria muito difícil conseguir isso. A situação econômica não permite que isso aconteça. Não há como".

Anote suas respostas. A conscientização inicia o processo da mudança.

Nada disso são fatos. Todas são convicções negativas limitantes. Às vezes, livrar-se delas é tão fácil quanto dizer: "Eu acredito mesmo que isso não é possível? Eu acredito mesmo que não é possível ganhar mais dinheiro?". Quando você questiona suas convicções, você afrouxa o domínio delas e pode então receber ainda mais.

Quinto princípio
Escolherás a posição mais elevada em todas as decisões

> *A vida em abundância só acontece por meio de muito amor.*
> – ELBERT HUBBARD

O ego resiste ao amor e ao perdão.

Ele é uma ilusão autocriada e autopreservada, que resulta em lares desfeitos e sonhos destruídos.

No momento de tomar uma decisão, é preciso sempre fazer uma escolha: baseá-la no amor ou no ego. A maioria das decisões se baseia no ego. A posição mais elevada é escolher o amor.

Quando o momento da escolha surgir, pergunte: "Qual é a decisão mais amorosa para essa situação?".

Exercício

Feche os olhos e imagine um círculo formado pelos seus entes queridos reunidos em torno de você. Sinta o amor que eles têm por você e o amor que você tem por eles. Agora, expanda esses sentimentos o máximo que puder. A partir desse espaço de amor, pense em uma situação que gostaria de mudar para melhor na sua vida. Enquanto você está envolvido por esses sentimentos de amor, explique para esse grupo o que você gostaria que fosse diferente para você. Diga a eles tudo o que fez ou tentou fazer até agora e relate quaisquer erros que ache que cometeu, o tempo todo permitindo que eles continuem a amá-lo. Aqueça-se mentalmente no amor incondicional deles.

Envolto em amor, pense novamente na questão e pergunte a si mesmo: "O que eu poderia fazer para resolver isto agora?". Escreva quaisquer respostas que receber.

O amor é a via de acesso à abundância, e deixar de perdoar funciona como um bloqueio. Podemos liberar qualquer energia bloqueada por meio do perdão. Quando você perdoa a si mesmo por qualquer transgressão ou pensamento errado, você pode expandir sua vida e colocar o fluxo em movimento. É quando as coisas se abrem em todas as áreas, seja a área sentimental, da saúde, do bem-estar físico ou das finanças. Pergunte então a si mesmo: "Onde na minha vida eu ainda guardo rancor de mim mesmo ou de outra pessoa?".

Sexto princípio
Implementarás a inspiração divina

> *Com a mesma rapidez com que cada oportunidade se apresenta, aproveite-a! Por menor que seja a oportunidade, aproveite-a!*
> – ROBERT COLLIER

A abundância se manifesta para aqueles que agem motivados pelas dádivas que lhes são concedidas pela inspiração Divina.

Uma ideia não é um evento aleatório. É a entrega de uma encomenda inesperada vinda de um universo abundante. Deixar de agir motivado pela ideia é o mesmo que recusar um presente. Agir movido por ela é uma afirmação de confiança.

Aqueles que implementam a inspiração Divina tendem a lucrar com suas ações. Isso traz vantagens para todos.

Isso é abundância.

Exercício

Escolha um momento tranquilo em que você possa passar uma hora sozinho para pensar a respeito do que você realmente quer. Uma maneira de fazer isso é pensar em uma situação que você não deseja na sua vida e depois escrever o desenlace ideal.

Formule o desenlace ideal como uma intenção, declarando-a tanto na forma escrita quanto verbal.

Em seguida, *nevillize*[*] seus objetivos/suas metas (escrevi a respeito disso em *Criando Riqueza e Prosperidade*). Veja a si mesmo com seu desejo já satisfeito. Veja o desejo como já realizado. Ele não está no futuro, está acontecendo agora. Você está curado e a situação está remediada.

Agora, está na hora de relaxar e liberá-la. Esse é o ponto de fé e confiança. Ao longo da próxima semana, aja imediatamente em função de quaisquer intuições ou ideias que lhe ocorram – porque isso vai acontecer. Pode ser algo simples como fazer uma pesquisa na Internet relacionada com sua meta. Ter fé significa relaxar... e saber que a realização do seu desejo está a caminho.

E o que é igualmente importante: saiba que você estará bem nesse meio-tempo. Esse estado de energia relaxada coloca você em

---

[*] Uma das maiores contribuições de Goddard Neville para a arte de atrair sua realidade foi a ideia de que, antes de tudo, é preciso sentir as coisas que deseja como se elas já fossem realidade. Podemos chamar isso de "nevillizando nossa meta". (N. dos Trad.)

um espaço de receptividade para escutar os discretos sussurros da inspiração Divina.

Sétimo princípio
Gastarás, investirás e pouparás com responsabilidade

> *Muitas pessoas acham que não têm competência para ganhar dinheiro, quando o que elas na verdade não sabem é como usá-lo.*
>
> – Frank A. Clark

A abundância é a realidade do equilíbrio e da suficiência.

Desde que você gaste, invista e poupe de forma equilibrada, tudo irá bem. Isso precisa estar aliado ao princípio da doação (Terceiro Princípio), que pode ser considerado uma forma de investimento, mas o que importa é o seguinte: o que quer que você receba monetariamente deve ser repartido por essas áreas.

Fazer isso mantém a vida abundante.

Exercício

Trace um círculo em um pedaço de papel. Ele representa sua renda total hoje. Divida essa área em várias partes e atribua um percentual a cada destino que você dá ao seu dinheiro. Por exemplo, 10 por cento para a poupança, 10 por cento para o dízimo, 30 por cento para impostos, 5 por cento para dívidas, 40 por cento para despesas com a subsistência e 5 por cento para os gastos gerais.

Preencha esses percentuais no seu gráfico do tipo pizza.

Observe o que está desequilibrado ou o que está faltando. Por exemplo, talvez você não esteja pagando o dízimo ou não esteja poupando, mas gostaria de fazê-lo.

Em seguida, trace outro círculo desenhando nele como você gostaria que fosse a realidade, e depois coloque-o em um lugar onde possa vê-lo regularmente.

Você também pode fazer um gráfico do tipo pizza apenas para um dos aspectos. Por exemplo, a poupança poderia ser dividida em percentuais para investimento, para longo e curto prazos, ou para temas específicos para os quais você está reservando dinheiro, como férias, Natal ou um casamento.

Trabalhar com percentagens permite administrar seu dinheiro com facilidade, qualquer que seja sua renda. Você se sentirá mais poderoso com o dinheiro que tem e, à medida que sua renda aumentar, saberá o que fazer com ela. A paz e a segurança financeira fazem parte de toda a abundância.

Oitavo princípio
Enxergarás o que há por trás de cada desafio

> *Parta do princípio de que todas as suas necessidades serão satisfeitas. Anteveja a resposta para todos os problemas, conte com a abundância em todos os níveis.*
>
> – Eileen Caddy

Os problemas são oportunidades disfarçadas. Dispa-as para ver a solução. Dentro de cada desafio está a resolução desse desafio.

A mente de escassez enxerga o problema; a mente abundante enxerga o produto, o serviço ou a solução.

Você precisa reduzir o foco na preocupação alarmista e direcioná-lo para uma expectativa confiante e sincera.

Exercício

Imagine que você é um inventor (ou uma pessoa que cria novas atrações de parques temáticos) e que precisa de uma ideia para uma invenção para competir em um torneio.

Você poderia iniciar fazendo as seguintes perguntas:

O que não está funcionando tão bem quanto você gostaria?

Que problema, assunto ou dilema você gostaria de ver resolvido? Se você pudesse tornar a vida mais fácil, o que inventaria?

Em seguida, você faria uma lista de alternativas ou possibilidades, junto com seus prós e contras, e depois começaria a visualizar que forma sua invenção poderia assumir e que materiais seriam necessários.

Essas são apenas algumas das perguntas que os inventores fazem a si mesmos, mas tudo sempre começa com algum tipo de problema.

O mesmo processo pode ser aplicado para resolver uma questão pessoal, então faça agora as perguntas a respeito da sua vida.

Os inventores são seres humanos naturalmente curiosos, sempre farejando um problema para resolver – e o problema não precisa ser algo desfavorável. Na Disney, por exemplo, eles estão continuamente tentando produzir ideias para uma nova atração emocionante. Os problemas podem ser divertidos quando você os explora proativamente dessa maneira. Esse é o raciocínio de abundância.

Nono princípio
Vivenciarás o milagre do agora

> *Uma das mudanças mais dinâmicas e importantes que você pode fazer na sua vida é assumir o compromisso de abandonar todas as referências negativas do seu passado e começar a viver o agora.*
>
> – RICHARD CARLSON

Neste momento tudo está bem.

Este momento é a abundância. Este momento é o milagre.

Não ver o milagre do momento é um sinal de que o ego está limitando a visão. Basear-se no medo não é o mesmo que se basear na confiança.

Quando você está neste momento, no qual a abundância vive e respira, é muito fácil ver a próxima ação e a próxima inspiração. Elas estão bem ali.

Exercício

Olhe ao redor do recinto onde você está e descubra alguma coisa pela qual se sente grato. Pode ser qualquer coisa – a cadeira onde está sentado, uma geladeira, o copo no qual está bebendo ou a água dentro do copo.

Faça uma relação de tudo o que você aprecia naquilo que escolheu, inclusive as pessoas que a produziram para seu prazer. Seja criativo e reflita sobre o maior número possível de aspectos.

- ▶ O que esse objeto lhe proporciona?
- ▶ Que conforto você desfruta por possuí-lo?
- ▶ Para que ele serve?
- ▶ O que o agrada a respeito dele?

A abundância está muito próxima da gratidão porque a verdadeira gratidão sempre o coloca bem aqui, neste momento – e onde mais a abundância poderia existir? É simples assim.

Décimo princípio
Ajudarás os outros

> *Você pode ter tudo o que deseja na vida se simplesmente ajudar um número suficiente de pessoas a obter o que desejam.*
>
> – Zig Ziglar

Ajudar os outros expande sua visão de mundo para incluir o resto do planeta. Também expande sua energia para que se desloque do ego para o espírito. Ajudar a família, os amigos, a comunidade e o mundo aumenta a abundância para todos. Quanto mais você estende a mão para os outros, mais a abundância se torna uma realidade para você.

Ajudar os outros ajuda você.

Exercício

Escreva alguma coisa que você adoraria fazer se tivesse recursos para isso. Como exemplo, digamos que você gostaria de viajar pelo mundo e se divertir mais.

Imagine agora que você é um empresário procurando uma maneira de não apenas fazer essas duas coisas, mas também criar um negócio que dê dinheiro e ajude a sua comunidade.

- ▶ Você poderia abrir uma agência de viagens e patrocinar excursões divertidas.
- ▶ Você poderia viajar para vários lugares e promover eventos esportivos.

Considerando o que escreveu para si mesmo, veja quantas ideias você pode sugerir em torno da ideia inicial para satisfazer seu desejo – ao mesmo tempo que ajuda os outros.

Os relacionamentos, o dinheiro, todas as coisas que queremos na vida vão surgir por meio de outras pessoas. Sendo assim, você precisa fazer uma contribuição, e não há como evitar isso. Na verdade, quanto mais contribuições você fizer enquanto se dedicar ao que ama, mais poderá lucrar. Pense em abundância para todos.

Conversas com Milionários Despertos

(Trechos de *Hypnotic Gold*, série de entrevistas realizadas por Joe Vitale. Para mais detalhes consulte o site em inglês www.HypnoticGold.com)

Paul Zane Pilzer foi assessor econômico de dois presidentes norte-americanos e é mundialmente conhecido por prever tendências e acontecimentos de grande impacto na economia. Escreveu cinco *best-sellers*, entre eles *Unlimited Wealth*, *The Next Trillion* e *The Wellness Revolution*. Seus livros foram publicados em 24 idiomas. Pilzer iniciou vários empreendimentos, ganhou seu *primeiro milhão de dólar* antes dos 26 anos e antes de completar 30 anos já tinha *10 milhões de dólares*.

"Acredito que eu seja um cientista, tão próximo quanto um economista pode ser de um cientista, e sou realista, porque chamei atenção para coisas que seriam negativas, como na crise das instituições de poupança e empréstimo. Fui uma das primeiras pessoas a escrever um livro sobre isso e previ que a crise aconteceria no início da década de 1980. Com relação à economia em geral, sou otimista, e esse otimismo tem origem na ciência fundamental. O que quero dizer é que toda riqueza, por definição, se baseia nos bens materiais de que gostamos, como habitação, alimentação, transporte, carros. Poderíamos chamar de nossa riqueza todos os itens que possuímos.

"A economia tradicional se ocupa da escassez. Se você se lembra das suas aulas de economia do primeiro ano, caso tenha cursado uma faculdade ou um ensino médio técnico onde estuda-se economia, a primeira lição é: 'A economia é o estudo da escassez'. Os velhos economistas – e muitos economistas atuais – afirmam que há um suprimento limitado de terra, minerais e riqueza, bem como de água potável e petróleo, e explicam como precisamos tirar de uns para dar para outros. Sempre gostei dessa analogia. Mas na verdade a economia é a maneira como pegamos a riqueza de um país e a damos para outro, ou tiramos de quem não tem e damos para quem tem. E quer você chame isso de comunismo, capitalismo, socialismo ou qualquer outro 'ismo', o estudo da economia é, de fato, o estudo da escassez.

"Isso me incomodou tanto que acho que devo explicar a razão do incômodo. Meus pais, imigrantes do Leste Europeu, batalharam muito e tentaram encontrar significado e coerência em tudo o que viam nos Estados Unidos, mas nunca conseguiram. Meu pai trabalhou a vida inteira, seis dias por semana, 12 horas por dia, e nunca conseguiu dar muito conforto para a família, sob o ponto de vista dele. Como seria de se esperar, nunca acumulou uma riqueza que lhe permitisse parar de trabalhar, de modo que trabalhou até o dia em que morreu.

"Ele me mandou para a faculdade e, mais tarde, fui estudar economia na Wharton Business School. Por quê? Porque era isso que as pessoas que eu mais amo queriam, começando pelo meu pai. Como você fica rico? Como todos ficamos ricos? Quando entrei na Wharton eu disse: 'Isto não tem a ver com a forma como ficamos ricos; isto tem a ver com tirar de outras pessoas e ficarmos ricos', porque o estudo da economia é o estudo da escassez.

"De qualquer modo, examinei meu passado imigrante, que começou na década de 1950 nos Estados Unidos. Todas as vezes que eu via uma terra desocupada sendo preparada para construção (na minha infância, eles usavam terrenos improdutivos por toda Long Island e Westchester para construir grandes conjuntos habitacionais), eu pensava: 'Ninguém vivia ali antes; eles não tiraram ninguém das suas casas'. Nós nos mudamos de um pequeno apartamento em uma área pobre para uma boa casa em Long Island, e o mesmo aconteceu com todos os meus parentes e com muitas outras pessoas. Vi toda essa riqueza sendo criada nos Estados Unidos sem que nada fosse tirado de alguém.

"Depois, é claro, comecei a fazer os cálculos e percebi que a economia está errada. A base da economia, ou seja, o estudo da escassez, está errado. Deveríamos estar estudando teorias de negócios que explicassem o que realmente está acontecendo. Como estamos nos tornando uma sociedade cada vez mais rica a cada ano e mais pessoas estão compartilhando essa riqueza. É por isso que eu tive que desenvolver, originalmente no livro *Unlimited Wealth*, há quinze anos – bem, há dezessete anos – uma nova teoria econômica baseada na abundância, baseada na capacidade da tecnologia de nos proporcionar uma riqueza abundante ilimitada.

"Então, voltando ao assunto, não sou exatamente um otimista, sou um realista. Porque toda riqueza, e esta é uma equação essencial presente em todos os meus livros, é o produto dos recursos físicos vezes a tecnologia. R = RF (recursos físicos) vezes T (tecnologia). R = RF vezes T. Não se trata da quantidade de terra cultivável que você tem, embora a história do mundo durante mais de cinco mil anos tenha sido sobre como matar o vizinho e tomar as terras dele. Trata-se da quantidade de alimentos que você produz por hectare.

"Tomando um exemplo nos Estados Unidos, aumentamos a produtividade por hectare das terras cultiváveis em até cem vezes entre 1930 e 1980. Ou, colocando de outra maneira, saímos de 30 milhões de agricultores em 1930 – que mal alimentavam 100 milhões de pessoas – para 6 milhões de agricultores em 1980. O número de agricultores é muito menor agora, sua produção alimenta mais de 300 milhões de pessoas, e há 40% a 50% mais comida. *Riqueza é igual a recursos físicos vezes tecnologia*. Desse modo, não se trata de quanta terra cultivável temos para produzir alimentos e sim de terras cultiváveis vezes tecnologia, o que significa produção por hectare."

* * *

Randy Gage é um guru da prosperidade e autor de numerosos *best-sellers*, entre eles *Risky is the New Safe*.

"Vivemos na era mais notável da história humana. Nunca houve uma época melhor para gerar sucesso. Nunca houve uma época melhor para criar riqueza. Nunca houve uma época melhor para passar rapidamente da condição de 'quebrado' para a condição de multimilionário ou multibilionário, mas milhões de pessoas não sabem disso porque acreditam na conversa fiada. Elas assistem aos noticiários, leem as notícias e perguntam: 'Oh, você viu os índices de desemprego e inflação?'.

"Entenda que a sua prosperidade não tem nada a ver com seu emprego, seu chefe, a economia, com nada disso. Essas coisas são fatores, mas sua prosperidade é criada pela maneira como você reage a todos esses fatores, e foi por isso que escrevi *Risky is the New Safe*. Quero que as pessoas realmente entendam isso, esqueçam o pessimismo. Vivemos em uma época maravilhosa – se você pudesse entrar naquele DeLorean com Michael J. Fox e escolher uma época para ir, você escolheria aqui e agora.

"Quando olhamos para o celular, os aplicativos do celular, a nuvem, a mídia social, a inteligência artificial, a clonagem, a engenharia biogenética, nos damos conta de que o que acontecerá nos próximos dez ou quinze anos é mais do que o que aconteceu nos últimos dois mil anos. Sim, haverá muitas oportunidades; sim, será desafiante; haverá pessoas nervosas, ansiosas, contrariadas – entendo tudo isso. Mas cada um desses desafios traz consigo uma oportunidade correspondente, e este é o momento em que você quer estar vivo, bem aqui, exatamente agora."

* * *

Bruce Muzik é um palestrante internacionalmente aclamado, autor e especialista na arte de usar a mente humana para alcançar o sucesso sem grande esforço. Sua filosofia combina a física de vanguarda com a espiritualidade prática, proporcionando sucesso real para seus alunos em todo o mundo.

"Talvez a primeira coisa a fazer seja distinguir riqueza de dinheiro, e creio que a maneira mais fácil de fazê-lo seja com uma metáfora. Eu gostaria que você imaginasse o dinheiro como borboletas. E que a maioria das pessoas passa pela vida tentando capturar borboletas. Essas pessoas passam a vida tentando ganhar dinheiro, elas têm redes e vivem tentando capturar borboletas com essas redes. No final do dia, as borboletas voam e vão embora, as pessoas têm o que elas têm e no dia seguinte voltam a tentar capturar borboletas. Depois de algum tempo, porém, outros caçadores de borboletas dão-se conta de que aquela área particular tem muitas borboletas, vão até lá com redes maiores e começam a superar os primeiros, que começam a voltar para casa com as mãos vazias e quase sem dinheiro, ou seja, sem terem capturado muitas borboletas naquele dia. O que acaba acontecendo é que os caçadores de borboletas precisam voltar todos os dias para caçar borboletas. Eles passam a precisar de redes maiores e a descobrir sempre novas maneiras de capturar borboletas.

"Mas as pessoas ricas não andam por aí caçando borboletas, Joe. Elas plantam um jardim e atraem borboletas para lá. E as pessoas ricas sabem que no fim do dia as borboletas irão embora do jardim, mas sabem também que voltarão no dia seguinte, porque têm a tendência de ir para um jardim que atrai borboletas. Desse modo, vou usar o jardim como metáfora para a riqueza e as borboletas como metáfora para o dinheiro. O que quase todas as pessoas fazem é ir pela vida dizendo: 'Quero me tornar um milionário. Quero ganhar muito dinheiro'. E lá vão elas caçando borboletas, tentando ganhar dinheiro, sem ter primeiro cultivado um jardim, ou construído uma base de riqueza. Vou então usar isso como uma espécie de metáfora para introduzir este conceito e vamos então falar a partir de um ponto de vista prático a respeito do que é a riqueza.

"Então, a maneira como meu mentor, Roger Hamilton, define isso é que riqueza equivale às coisas intangíveis que são especiais para você. Sua riqueza é sua rede de contatos. São seus recursos. São as suas habilidades. E um dos meus favoritos: é o seu currículo. São essas coisas intangíveis – também são um *mindset* –, é o intangível que você não consegue ver. Quando pessoas ricas perdem todo o seu dinheiro, elas descobrem que o dinheiro acaba sempre voltando para elas. Elas tendem a ganhar novamente o dinheiro."

* * *

O Rabino Daniel Lapin é autor do *best-seller Thou Shall Prosper*. A revista *Newsweek* certa vez o definiu como um dos rabinos mais influentes dos Estados Unidos. Ele fez apresentações para a Boeing, a Microsoft e a Nordstrom, bem como para o exército dos Estados Unidos.

"Você deseja construir canais de dinheiro. Você gostaria que tubulações fossem perfuradas na barragem para que o dinheiro pudesse escoar através dos tubos na sua direção. Isso é o que todos gostaríamos. O problema é que você não pode obrigar ninguém a perfurar canais de dinheiro na barragem para que o dinheiro flua para você, de modo que a única coisa que pode fazer é perfurar esses buracos na extremidade onde você está.

"Como você faz isso?

"Lançando dinheiro a partir de você. E uma vez que esses canais foram criados por você lançando dinheiro para fora – enquanto esses canais ainda existirem e o dinheiro ainda puder entrar – a maneira mais garantida de criar esses canais é doando dinheiro.

"Além disso, se você pensar bem, praticamente nada produz tanta conexão social quanto doar dinheiro. Essa é uma das razões pelas quais a menor cidade nos Estados Unidos tem um Rotary Club e nas cidades maiores você encontra todos os tipos de organizações – o teatro e a orquestra têm um setor de doações. Para que são todas essas coisas? Você acha que isso acontece porque todo mundo deseja desesperadamente que haja uma orquestra em Wichita? Você provavelmente sabe que algumas pessoas de fato desejam isso mas, para muitas outras, estar no conselho da orquestra é uma maneira de conhecer outros seres humanos. As pessoas reconhecem que, quando estamos dispostos a doar dinheiro, formamos conexões e isso é o que importa. É por isso que é assim.

"Além disso, quer você aceite os princípios da Bíblia, como eu, ou de qualquer outra fonte, um conselho excelente é que as pessoas doem mais de 10 por cento da sua renda. Na minha perspectiva, Deus é maravilhoso, pois Ele deixa que eu trabalhe ganhando uma comissão de 90 por cento. Dez por cento nem mesmo me pertencem. Essa é a beleza da situação. Quando eu doo, estou ajudando mais a mim mesmo do que a qualquer outra pessoa."

Bill Bartmann[*] criou sete empresas bem-sucedidas em sete setores diferentes, inclusive uma companhia internacional, com 3.900 funcionários, que ele começou na mesa de sua cozinha com um empréstimo de 13 mil dólares. Ele foi escolhido o empresário do ano por NASDAQ, *USA Today*, Merrill Lynch e a Kaufmann Foundation. Durante quatro anos seguidos, suas empresas foram citadas pela revista *Inc.* entre as quinhentas companhias que cresceram mais rápido nos Estados Unidos. Ele recebeu um lugar permanente no Museu de História Americana do Smithsonian Institute e ganhou o Prêmio Golden Plate, da American Academy of Achievements, como um dos mais destacados empreendedores do século XXI. No entanto, um dia ele foi um sem-teto.

"Há um pequeno exercício que eles podem fazer e para isso só é preciso um pedaço de papel e uma caneta esferográfica, de modo que não se trata de nada exótico nem que envolva alta tecnologia.

"Peguem uma folha de papel – e vou falar devagar para deixar que eles corram para pegar uma agora – e simplesmente desenhem uma linha no centro da folha, dividindo-a ao meio, e escrevam no

---

[*] Bill Bartmann faleceu em novembro de 2016. (N. dos Trad.)

lado esquerdo a palavra "fracasso". Nessa coluna, escrevam todas as vezes que deram uma mancada. Todas as vezes que cometeram um erro, todas as vezes que estiveram no lugar errado na hora errada, tudo o que desejam que não tivesse acontecido. Não estou tentando fazer as pessoas se sentirem mal ou arrastá-las de volta para antigas memórias e arrancar a casca de antigas feridas. Quero apenas que elas relacionem as coisas realmente ruins que aconteceram em suas vidas e que passem alguns minutos fazendo isso. Acredite, as pessoas trarão à tona um monte de coisas com incrível rapidez.

"Em seguida, peço a elas que, do outro lado da linha, escrevam a palavra 'sucesso'. Que escrevam todas as vezes que acertaram. Se fracassar é dar uma mancada, cometer um erro, então as vezes em que elas acertam não são um defeito, são algo positivo. Peço então que elas relacionem todas as vezes que acertaram, todas as vezes que fizeram alguém feliz, todas as vezes que deixaram alguém orgulhoso, todas as vezes em que se sentiram orgulhosas.

"Se você estiver fazendo o exercício, então escreva se um professor já lhe deu um tapinha na cabeça, se sua mãe já colocou seu boletim na porta da geladeira, se você um dia fez o gol que deu a vitória ao seu time, se já vendeu mais biscoitos caseiros do que qualquer outra pessoa. Não estou falando de você ter inventado a cura para o câncer ou ganhado o Prêmio Nobel; estou falando apenas das ocasiões em que você acertou. O que acontece todas as vezes é que todas as pessoas colocam mais itens do lado direito do que do lado esquerdo. Todas as vezes, sem exceção, e já conduzi este exercício milhares de vezes.

"Mas não terminamos. Agora eu digo: 'Esta é uma excelente constatação. Veja, você tem mais sucessos do que fracassos. Isso não deveria dizer algo sobre você?'. É claro que diz.

"Em seguida eu digo: 'Vamos fazer outra coisa. Vamos voltar e examinar esses fracassos. Quantos deles você superou? Quantos deles você deixou para trás, a quantos você sobreviveu, quantos já não são mais um impedimento? Passe todos estes para a coluna do sucesso'.

"Porque o fato de ter sofrido, e no seu caso o fato de ter sido um sem-teto, é um ponto forte. Não é uma coisa negativa. Você fez algo que nem todo mundo consegue fazer e que o torna melhor do que algumas pessoas. Não melhor no sentido de que aquilo não seja ruim, Joe, mas melhor no sentido de que passou por um sofrimento. E quando você consegue deslocar seus fracassos para o lado do sucesso e finalmente enxergar a si mesmo com clareza, talvez pela primeira vez, ver quem você realmente é, isso é poderoso.

"Fatos são fatos; não podemos mudá-los. Mas é a maneira como encaramos os fatos que nos modifica. Assim, quando olhamos para algo negativo como sendo negativo, nós pensamos 'ai de mim, dei uma mancada, não sou muito esperto e sou desprezível'. Mas se recordarmos o acontecimento e dissermos: 'Ei, eu sobrevivi a isso. Superei isso. Sem dúvida tomei uma decisão errada na época, mas por Deus, eu tinha 12 anos, 18 anos ou 22 anos, ou qualquer outra coisa. Mesmo assim, eu consegui superar a situação'. De repente, você começa a pensar 'cara, essa coisa negativa é na verdade positiva'."

* * *

Gene Landrum é executivo de uma *start-up* de alta tecnologia que se tornou educador e escritor. Como empresário, criou o que todos conhecemos como o conceito Chuck E. Cheese do entretenimento familiar – entre outras aventuras empresariais. Depois de interagir durante muitos anos com personalidades criativas e com desempenho excepcional, ele começou a escrever livros a respeito daquilo que motiva as pessoas notáveis, e foi aí que me tornei um grande fã dele. Sua tese de doutorado, *The Innovator Personality*, deu origem a muitos livros sobre o lado mental e emocional do sucesso. Ele também escreveu *The Superman Syndrome: You Become What You Believe*.

"Como você sabe, falei muito sobre Henry Ford, que estudou apenas até a quinta série. Ele estava em Detroit. Você acha que ele sabia o que estava fazendo? Não, na verdade ele se meteu em uma séria enrascada porque o seu diretor financeiro pediu demissão e entrou com uma ação coletiva contra o cara em 1914, porque ele fixou o preço do Ford Modelo T abaixo do seu custo, o que se tratava de uma intuição.

"Estamos falamos aqui, Joe, sobre a mesma coisa. Às vezes sabemos demais para o nosso próprio bem. Sabemos muito, e você me ouviu dizer isso, Joe, em algumas das nossas entrevistas. Eu não sabia o bastante para entender que não poderia ter um rato entregando pizza em um restaurante chamado Chuck E. Cheese, e as pessoas diziam: 'Você está maluco, cara. Nós matamos ratos, não podemos ter um rato'. Eu digo às pessoas que eu não sabia o bastante para entender o que eu não poderia fazer e que fiz uma coisa que, por acaso, acabou dando certo.

"Quando eu estava fazendo a pesquisa sobre a vida de Oprah, Oprah Winfrey, descobri que, quando ela tinha 20 anos, ficou apavorada quando estava prestes a aparecer no seu primeiro programa na televisão, e disse: 'Eu não sei como fazer isso', e se sentou. E muitos dos seus ouvintes podem estar pensando assim: 'Oh, como vou até lá e faço isso? Como vou lidar com isso e fechar este novo negócio?'.

"Bem, ela parou e pensou sobre tudo aquilo, ela é muito inteligente, e disse: 'Eu sei, hoje eu não sou Oprah'. E eu tratei o tema com detalhes, como você sabe, no meu livro *Superman*. Temos quase que enganar a nós mesmos e adotar um modelo de vida de certa forma imaginário, onde vamos além desses medos, e não sermos nós mesmos. O que Oprah fez, disse ela, 'eu sei que esta noite não sou Oprah, sou Barbara', porque naquela época Barbara Walters era a mais famosa apresentadora de programa de entrevistas. E você sabe o que Oprah fez depois disso. Esta é uma história verdadeira, Joe.

"Seus ouvintes entendem isso. Ela se vestiu como Barbara se vestia – ela era do Tennessee e Barbara de Nova York. Ela se vestiu como Barbara. Ela aprendeu a andar como Barbara, entrou naquele palco, agiu como Barbara e tentou falar como Barbara. Sabe o que eu acho tão interessante a respeito disso do ponto de vista motivacional?

Você sabe o que é – hoje ela vale mais do que Barbara. Ela vale 2 bilhões de dólares."

* * *

Arnold Patent escreveu muitos livros, entre eles *So, You Can Have It All,* que ainda está circulando. Patent também escreveu *The Journey, Money, The Treasure Hunt* e *Bridges to Reality.*

"Foi por isso que escrevi o livro *The Journey,* para explicar como o jeito que vivemos é essencialmente o oposto do nosso estado natural. Os princípios definem, ou descrevem, nosso estado natural e, no entanto, damos conosco vivenciando praticamente o oposto. E quando fui guiado pelo *coaching* que recebi, que me veio à mente descrever isso como fase um e fase dois.

"A primeira fase é a criação intencional de experiências opostas ao nosso estado natural. Assim, antes de chegarmos a esta encarnação, planejamos a família em que vamos ingressar, os sistemas de crenças, a existência e assim por diante. Desse modo, tudo se desenrola para que, quando cheguemos à experiência humana, tenhamos que desistir de ser quem realmente somos, do poder e da presença de Deus, e esquecer qualquer lembrança disso.

"Entenda, nós procedemos da unidade e durante todo o tempo que passamos na eternidade estamos retornando à unidade, mas ao longo do caminho exploramos outras maneiras de vivenciar a nós mesmos e a experiência humana. Esta esfera onde estamos é muito densa e só podemos vivenciá-la tornando nossa vida oposta ao seu estado natural. Então, assim como acontece com as pessoas que ouvem este e outros programas, em um momento particular alguma coisa ocorre dentro de você que diz: 'Espere aí, a vida encerra mais coisas do que venho vivendo até agora', e é aí que está a busca que você fez, que eu fiz, que todos fizemos, à procura do que está realmente acontecendo, é aí que começamos a segunda fase, o movimento consciente de volta ao nosso estado natural.

"Então, o que importa a respeito disso é reconhecer que cada um de nós é, em essência, o criador da experiência da primeira fase. Começamos a tornar a nossa vida o oposto do nosso estado natural e, como somos o criador, podemos também ser aquele que não cria. Eu gostaria de acrescentar a isso outro elemento.

"Veja, quando falamos a respeito da criação, há dois níveis de poder. O verdadeiro poder reside com o Divino. Não podemos criar nesse nível. Nós criamos com um "c" minúsculo, essencialmente; essas criações são formadas na nossa imaginação. Elas não são reais e não duram nesse sentido, mas podemos nos convencer a acreditar que elas são reais, e é o que fazemos, de modo que essa é a nossa experiência humana.

"Sempre de certo modo ilusórias, sempre inventadas mas, por causa do nosso poder criativo para conceber ilusões, também podemos criar a convicção de que são reais. Quando você entra no processo de despertar, começa a perceber a diferença entre o nosso nível de criação como seres humanos e a criação no nível Divino e a separar esses dois níveis."

Os Sete Bloqueios

Quando estava conduzindo meu Rolls-Royce Phantom Masterminds,* conheci pessoas de sucesso que sabiam que queriam mais – mais dinheiro, mais sucesso, mais compreensão, mais espiritualidade, uma quantidade maior da plena experiência da vida.

Muitas eram milionárias ou multimilionárias. Um bom número delas gozava de reconhecimento, mas somente em nichos relativamente estreitos. Em resumo, quase todos os participantes desses *Masterminds* já eram muito bem-sucedidos de acordo com os padrões de qualquer pessoa. No entanto, muitos desejavam ter sucesso *mundial*. Eles estavam realmente prontos para o que havia de melhor – eles queriam jogar o jogo mais importante e fazer mais diferença para mais pessoas.

Poderíamos dizer que eles queriam se tornar pessoas muito famosas.

Eu adorava ajudar essas pessoas maravilhosas a alcançar mais fama e níveis mais altos de sucesso financeiro. Algumas ficavam surpresas, mas eu nunca ficava. Eu sabia de antemão o que era possível para cada pessoa. Mesmo assim, aprendi algo novo enquanto ajudava muitas delas a avançar para seus novos patamares particulares.

---

* Programa de *coaching* desenvolvido pelo autor. (N. do P.)

Eis o que eu descobri: havia uma maneira infalível de prever se elas chegariam ou não onde tinham dito que queriam chegar. Tudo se reduz a sete bloqueios importantes ao sucesso mundial. Dê uma olhada neles e veja quantos deles podem estar impedindo *você* de atingir o *seu* novo patamar. Eles não estão ordenados de nenhuma forma particular e são os seguintes.

Seu sonho simplesmente não é grande o bastante

Ele precisa ser GRANDE. *ESCANCARADAMENTE* GRANDE. Porque se você não tiver uma visão clara e poderosa o suficiente – uma visão que realmente o estimule muito e que até mesmo o assuste um pouco – você simplesmente não fará tudo o que é preciso para chegar aonde você quer ir. Veja bem, para alcançar fama internacional, você precisa de um sonho grande e audacioso que o empurre na direção de viver esse sonho.

Você precisa de uma visão que ligue o radar na sua mente para buscar e encontrar oportunidades e conexões. Sem um grande sonho – uma meta, um desejo, uma visão – você sobreviverá, mas não vicejará; você existirá, mas não se alegrará.

Como isso funcionou na minha vida: quando decidi me tornar músico aos 57 anos, isso foi um sonho assustador, mas empolgante. E foi o meu grande sonho – aquela visão colossal – que me conferiu a energia e a segurança necessárias para que eu gravasse 15 álbuns em menos de cinco anos. Isso gerou dinheiro mais do que suficiente para que eu comprasse algumas das guitarras mais caras do mundo.

E o mais importante de tudo: em última análise, foi minha visão colossal que colocou minha música nas mãos (e nos ouvidos) de um número maior de pessoas ao redor do mundo do que até *eu* mesmo poderia imaginar!

Você não está agindo com perseverança

A disposição de agir, e de continuar a agir, é fundamental. Você não precisa de um plano completo passo a passo, pois talvez tenha que criá-lo à medida que vai avançando, mas você *precisa* agir.

Qualquer ação, até mesmo um minúsculo passo, está indo na direção correta, porque você precisa avançar para que o caminho se revele. O resto do percurso ficará claro à medida que for caminhando. É como dirigir um carro à noite. Você só consegue enxergar a estrada até onde a luz dos seus faróis ilumina, mas você pode fazer a viagem inteira se continuar a dirigir.

Exemplo pessoal: sempre que eu escrevo um novo livro, começo com a mesma página em branco. Mas, digitando palavras nela, eu acabo criando aquilo que vem a se tornar um livro. Muitos deles são *best-sellers* internacionais, como *Limite Zero* e *A Chave*.

Você não é coerente o bastante com suas convicções

As pessoas que alcançam o sucesso internacional têm uma confiança extraordinariamente forte – até mesmo obstinada – em si mesmas. Se você não acredita em si mesmo, ou no seu sonho, você provavelmente não tomará qualquer medida, ou ela não durará muito tempo. As convicções limitantes a respeito de dinheiro, sucesso, você mesmo e outras coisas podem limitar sua visão e refrear seu entusiasmo.

Suas convicções criam sua realidade. Convicções construtivas podem atrair o imenso sucesso que você deseja. Mais uma vez vale citar minha decisão de me tornar músico. Eu não tinha nenhuma experiência anterior em cantar, escrever músicas, gravá-las e muitas outras coisas. Ao apagar sistematicamente as convicções limitantes, usando o que eu ensino no meu programa Miracles Coaching®, eu me libertei para perseguir meu sonho.

Você não tem a coragem necessária

"Sem coragem, sem glória." É verdade! É preciso coragem para enfrentar seus temores, apoiar-se na confiança e causar um imenso impacto internacional. Você não precisa ser extravagante ou espalhafatoso, mas tem que estar disposto a ficar em evidência. Isso tem mais a ver com estar disposto a apostar no seu sonho do que com ser extrovertido. Você pode ser tímido e bem-sucedido, mas precisa ter a confiança em si mesmo para perseguir seu sonho.

Costumo dizer que sempre que você escolher um sonho maior do qualquer coisa que já tenha tentado antes, você sentirá medo. Isso é natural. Você está deixando sua zona de conforto. Mas quando respirar profundamente e tomar essa decisão, você encontrará o poder interior para começar a agir, e o movimento para a frente cria um *momentum* que é praticamente irrefreável.

Você não está disposto a fazer o marketing

"Construa e eles virão" funciona às mil maravilhas nas histórias de ficção, mas sejamos realistas: nenhum produto é notado a não ser que alguém divulgue sua existência (nem mesmo o filme, *Campo dos Sonhos,* de onde vem a frase "Construa e eles virão"!). Todos os visionários que estão fazendo diferença de forma sólida e em escala mundial realizaram um marketing digno de nota ou contrataram alguém para fazê-lo. Tomemos o caso de Freud. Embora suas ideias e seus livros estivessem sendo publicados e considerados, eles não estavam atingindo um grande público. Foi preciso um profissional de marketing para fazer com que isso ocorresse. Edward L. Bernays, o pai das relações públicas modernas, era sobrinho de Freud. Ele percebeu as dificuldades do tio e ajudou-o. Hoje em dia, graças ao trabalho de marketing de Bernays, Freud é um nome mundialmente famoso.

Você não soltou os fogos de artifício

Alcançar sucesso internacional significa se destacar na multidão. É fazendo coisas grandes de um jeito grande que você solta fogos de artifício luminosos para o mundo e faz com que as pessoas olhem para você.

Tomemos como exemplo Donald Trump. Quer você o ame ou o odeie, vote nele ou não, ele está fazendo com que seu nome e sua marca sejam cada vez mais reconhecidos no mundo.

O mesmo se aplica a Branson. Suas explorações temerárias e aventuras bem-promovidas, do balonismo aos voos espaciais, fazem com que seu nome se fixe na mente do mundo.

Você não excedeu em grande medida as expectativas

Você precisa surpreender as pessoas com o que você oferece. Seu produto ou serviço precisa ser *muito* superior ao prometido ou esperado. Ele precisa impressionar as pessoas.

A Zappos é conhecida por isso. E o mesmo é verdade com relação a muitas outras empresas que têm reconhecimento internacional. Elas vão além do que é esperado para oferecer uma experiência de serviço impressionante. A Barnum, no século XIX, fez a mesma coisa oferecendo dezenas de milhares de excentricidades no seu museu. Ainda hoje conhecemos o seu nome.

Assim, essa é minha lista dos sete principais bloqueios ao sucesso internacional. Qualquer um deles pode obstruí-lo. Todos eles poderiam tê-lo impedido até mesmo de ler este capítulo. Agora que você já os conhece, o próximo passo é seu.

As Borboletas e seu SAR

Quantas borboletas você vê ao seu redor? Neste momento, na sua casa ou no seu escritório, provavelmente nenhuma. Mas você provavelmente notará algumas ainda hoje – talvez em uma foto de revista, na televisão ou na natureza –, pelo menos até que minha pergunta se evapore da sua consciência.

Por quê?

Ao pesquisar a definição de metas para uma palestra que eu ia apresentar na Texas Association of Magicians (TAOM), em Austin, no Texas, eu me lembrei do Sistema Ativador Reticular (SAR), que está situado na base do nosso tronco cerebral. A função dele é basicamente examinar as milhões de informações que nos circundam a todo momento para mostrar os sete *bits* que são relevantes para cada um de nós.

Numerosos autores criaram nomes para essa ferramenta natural de sobrevivência e seleção. Em 1960, Maxwell Maltz escreveu um livro revolucionário chamado *Psycho-Cybernetics*. Nele, Maltz chamou o SAR de "servomecanismo". O nome parece estranho para mim, mas funcionou para Maltz e suas legiões de leitores.

De qualquer modo, existe alguma coisa em você que o ajudará a atrair suas intenções se ativá-lo. Assim, vamos olhá-lo mais de perto...

Como o seu SAR seleciona o que é relevante?

Basicamente, de duas maneiras:

1) Escolhendo qualquer coisa que o ajude a sobreviver.
2) Escolhendo qualquer coisa relacionada a uma meta.

A sobrevivência é a configuração-padrão. Seu cérebro está projetado para ajudá-lo a ficar em segurança e se reproduzir. Você não precisa pensar a respeito disso. Isso está gravado no seu cérebro.

A maior parte do trabalho do seu inconsciente gira em torno da ideia de mantê-lo aqui e garantir que algum aspecto seu permaneça depois que você for embora. Mas você também pode programar filtros adicionais na sua mente. Por exemplo, sempre que você define uma meta ou uma intenção, você está programando sua mente para atraí-la e alcançá-la.

Você está inserindo um novo comando no seu SAR. Ele começará a filtrar esses 10 milhões de *bits* de informações a cada momento para mostrar o que é relevante para sua meta ou intenção. Mas como você programa o seu SAR?

A melhor maneira de inserir um novo comando no seu cérebro é por meio de uma meta ou intenção que preencha estas três qualidades:

1) Ser emocional.
2) Conter imagens vívidas.
3) Ser repetida.

Em outras palavras, a meta precisa ser alimentada pela emoção (o amor, o ódio e o medo são as mais importantes); precisa ser distintamente clara como imagem (a mente reage a imagens); e precisa ser repetida (para ser instalada na mente).

Quando pedi que você procurasse borboletas, eu estava temporariamente ativando seu SAR para que procurasse por borboletas.

Sem uma razão emocional para ver borboletas, ou uma imagem clara do tipo de borboleta que queria ver, e sem repetição, você logo se esquecerá completamente das borboletas. Isso é válido para qualquer coisa que você deseje atrair ou alcançar.

Sua mente está projetada para ajudá-lo a atingir suas metas, mas você precisa dizer a ela o que você quer. Por que não fazer isso agora? Eis o método:

1) Selecione um desejo, uma meta ou uma intenção.
2) Descubra uma razão emocional para querer realizar esse desejo.
3) Crie ou encontre uma imagem clara dele.
4) Olhe todos os dias para a imagem e sinta seu desejo por ela.

Obviamente, mesmo assim você precisa agir.

Wallace Wattles (autor do famoso *best-seller A Ciência de Ficar Rico*) disse que aquilo que queremos acontecerá de *forma natural*. Não espere que sua meta seja realizada por meio de uma produção de cinema hollywoodiana do tipo Harry Potter, mas aceite-a de bom grado se isso acontecer.

Espere milagres – e faça o que se sentir inspirado a fazer. Nesse meio-tempo, distraia-se com as borboletas.

Ajude Paris: O Poder do Propósito Coletivo

No momento em que eu digito estas palavras, no final de 2015, as pessoas em Paris estão traumatizadas pelos ataques surpresa praticados contra elas e estão preocupadas com a família, os amigos e seu futuro bem-estar. Embora o mundo ainda esteja atordoado com os efeitos da guerra, muitas pessoas estão agora se preparando para algo que poderá ser pior.

Enquanto entreouço isso, escuto uma mentalidade de vítima subjacente:

Somos vítimas de tempestades.
Somos vítimas de ataques.
Somos vítimas de um governo mal-administrado.
Somos vítimas do preço da gasolina, da escassez de gasolina, da inflação, da recessão, dos impostos, das guerras e de muitas outras coisas.

Vou dizer uma coisa incomum que poderá incomodar algumas pessoas. Espero que sirva para inspirá-lo. Aqui vai: você tem mais poder do que imagina.

Embora você possa não querer se colocar na trajetória da guerra, você não precisa se esconder embaixo da cama. Por mais estranho que possa parecer, acredito que se um número suficiente de pessoas pensar de maneira positiva, poderemos criar uma espécie de contra-ataque. Podemos proteger a nós mesmos e nossos entes queridos com os nossos pensamentos.

Descrevi e provei isso com a pesquisa no final do meu livro *Criando Riqueza e Prosperidade*. Mais de 19 estudos demonstraram que, quando um grande número de pessoas tem intenções positivas, essas intenções se irradiam e se tornam realidade. Pedi aos meus leitores que interrompessem o Furacão Rita há quase dez anos. Rita parou. Pedi aos meus leitores há muitos anos que ajudassem a interromper os incêndios florestais no Texas. Os incêndios pararam. Pedi aos meus leitores há muitos anos que ajudassem minha mãe que estava agonizante. Minha mãe ainda está conosco. Juntos, também podemos fazer alguma coisa a respeito de Paris.

Não estou dizendo que você deva desconsiderar a realidade atual. Estou pedindo que crie um resultado melhor. Estou sugerindo que você não se deixe enredar pelo medo. Estou pedindo que se apoie na fé. Se acha que um ataque atingirá você ou um ente querido, então isso já aconteceu: você está vivendo no medo. Sua vida é sombria e triste, e você vive enjaulado.

A mídia é infalível ao nos impelir para o medo, de modo que sugiro que desconsidere a grande mídia. Isso não é informação e sim propaganda. É por esse motivo que ela é chamada de programação. Ela leva grandes grupos de pessoas a pensar de uma maneira negativa, o que, é claro, se torna então realidade. Por que não podemos fazer o oposto?

Por que não reunimos grandes grupos de pessoas para que pensem de uma maneira positiva? É claro que você deve tomar medidas para viajar de maneira sensata e em segurança. É claro que você deve cuidar de si mesmo e da sua família. É claro que você deve contribuir para quaisquer causas em que acredite e que ajudem as pessoas necessitadas. Mas verifique também o depósito na sua mente:

Você está vivendo no medo ou na confiança?
Você está se apoiando no medo ou na fé?
Você está concentrado no que é negativo ou está fazendo alguma coisa para criar algo positivo?

Estamos sempre em uma posição de escolha.

Meu apelo é para que os leitores deste manifesto – entre eles você – parem, respirem e se concentrem no amor; rezem, ou, de uma maneira positiva, irradiem uma energia que ajudará a dissolver o medo que está dentro e ao redor de nós. Estou pedindo que você faça isso hoje.

Enquanto eu escrevia estas linhas, lembrei-me do famoso livro *Faça a Coisa Certa, Apesar de Tudo: Os 10 Mandamentos Paradoxais*, escrito pelo Dr. Kent M. Keith.

> *As pessoas são ilógicas, irracionais e egocêntricas.*
> *Ame-as, apesar de tudo.*
> *Se você fizer o bem, as pessoas o acusarão de ter motivos egoístas ocultos. Faça o bem, apesar de tudo.*
> *Se você tiver sucesso, ganhará falsos amigos e inimigos verdadeiros. Busque o sucesso, apesar de tudo.*
> *O bem que você faz hoje será esquecido amanhã.*
> *Faça o bem, apesar de tudo.*
> *A honestidade e a franqueza o tornarão vulnerável.*
> *Seja honesto e franco, apesar de tudo.*
> *Os homens e mulheres mais notáveis com as ideias mais amplas podem ser derrubados pelos homens e mulheres mais insignificantes com as mentes mais estreitas. Pense grande, apesar de tudo.*
> *As pessoas tratam bem os pobres-diabos, mas só seguem os bem-sucedidos. Defenda alguns oprimidos, apesar de tudo.*
> *Aquilo que você passa anos construindo poderá ser destruído da noite para o dia. Construa, apesar de tudo.*

As pessoas precisam de ajuda, mas poderão atacá-lo se você as ajudar. Ajude as pessoas, apesar de tudo.
Dê ao mundo o melhor de si e será tratado com desprezo.
Dê ao mundo o melhor de si, apesar de tudo.

Eu sei que você pode achar que pensar positivamente é perda de tempo.

Pense positivamente, apesar de tudo.

Eu sei que você pode se perguntar se a meditação em grupo realmente dá certo.

Medite em grupo, apesar de tudo.

Eu sei que você pode duvidar de que a oração pode ser útil.

Reze, apesar de tudo.

Vamos criar neste momento o futuro positivo que desejamos. Vamos nos concentrar no espírito. Vamos focalizar o amor. O que estou pedindo é que você seja feliz agora.

Sorria.

Irradie essa energia amorosa na direção de Paris. Tenha a intenção de que todos fiquem bem, porque, na realidade, com base em uma concepção espiritual da vida, tudo está bem. Nós podemos fazer a diferença. Começa com você e comigo.

Você se juntará a mim?

O Processo da Quarta Dimensão: Desencadeando a Hipermanifestação da Riqueza

Uma tentativa de visualizar a quarta dimensão: pegue um ponto, estenda-o e forme uma linha, enrole a linha e forme um círculo, retorça o círculo e forme uma esfera, e dê um soco através dessa esfera.

– EINSTEIN

A percepção tem um destino.

– EMERSON

Estou tremendo enquanto escrevo isto. Este relato é minha primeira explicação do processo da quarta dimensão. Estou animado. Funciona. Acredito que aqui esteja a chave para um novo mundo de possibilidades porque, na quarta dimensão, qualquer coisa é possível!

Vou explicar – e provar – isso para você: a maioria das pessoas está tentando manifestar o que quer trabalhando dentro de um conjunto inconsciente de convicções limitantes. Essas pessoas não sabem disso, mas sua realidade atual foi criada por seus *mindsets* inconscientes. Enquanto não mudarem seus paradigmas, será difícil para elas criar qualquer nova mudança dramática e duradoura, seja ela aumentar a riqueza ou qualquer outra coisa. Elas simplesmente continuarão a andar em círculos sem sair do lugar.

Esta ilustração ajuda a explicar a questão:

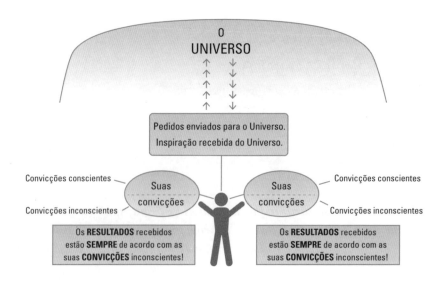

A imagem mostra que o filtro que examina tudo – das inspirações às intenções – está na mente inconsciente. Esse filtro é o nosso sistema de crenças. A permissão que uma pessoa dá ou não para que algo entre na sua vida – riqueza, romance ou qualquer outra coisa – depende do que está na sua mente inconsciente.

Se ela tem a convicção, por exemplo, de que o dinheiro é mau ou nocivo, essa convicção impedirá que o dinheiro entre ou permaneça na vida dela. Como considera o dinheiro uma coisa ruim, a pessoa se livrará dele o mais rápido possível, mas raramente saberá por que isso acontece. Ela colocará a culpa da sua falta de dinheiro nos outros e nunca olhará no espelho. Raramente lhe ocorrerá que suas convicções estão criando esses resultados.

Para ajudar a resolver essa questão, criei um método para remover obstáculos. Eu o chamo de processo da quarta dimensão, que é um sinal na direção para onde devemos ir para criar uma nova realidade: para fora da nossa realidade atual.

Para fora, mas exatamente para onde? Para o que alguns chamam de quarta dimensão. Para explicar esse processo, vamos começar com uma linha reta:

Esta linha é um símbolo de uma dimensão plana, que alguns chamam de primeira dimensão. Quando as pessoas escrevem afirmações, elas estão tentando criar a mudança dentro de uma dimensão, o que é uma mudança limitada e não muito poderosa. Você pode fazer uma mudança com base nessa perspectiva, mas ela não acontecerá com facilidade ou rapidez nem será duradoura. É unidimensional demais. Tem pouco poder. Afinal de contas, é apenas uma linha.

Outro passo é visualizar o que você quer. Isso adiciona profundidade ao desejo, o que o torna mais bidimensional, pelo menos na percepção da mente. Algumas pessoas usam um quadro de visualização para isso. Elas criam um quadro com imagens representando o que desejam ter, fazer ou ser. Elas colocam esse quadro em um local onde pode ser visto com frequência, geralmente na porta da geladeira ou no espelho do banheiro.

O quadro de visualização é uma ferramenta para comunicar os desejos à mente subconsciente. Embora alguns quadros tenham múltiplos desejos representados neles, uma estratégia mais eficiente é escolher um desejo – ter um foco específico – e usar uma imagem mais significativa para representá-lo.

Eu quero, por exemplo, um Mercedes 300SL Gullwing clássico modelo 1955, geralmente considerado o maior supercarro do mundo. Eu pegaria uma imagem do carro e a colocaria onde pudesse vê-la. Olhar para a imagem do carro e visualizá-lo é uma abordagem mais bidimensional da criação, da atração ou da manifestação. A imagística é poderosa e está comprovado que funciona em tudo, do esporte, à medicina, aos negócios. Mas ainda assim você está trabalhando dentro de uma dimensão limitada, ainda está trabalhando dentro de convicções limitantes existentes. Você pode imaginar a riqueza o quanto quiser, mas se continuar a acreditar que ela é ruim para você, não enxergará oportunidades para obtê-la. Embora você possa alcançar grandes resultados com a imagística, ela tem limitações intrínsecas. Trata-se ainda de uma maneira confinada de viver que não propicia as tentativas de transformação.

Um nível mais acima é imaginar que você já possui o carro, que o dirige, que o compartilha com os amigos – envolvendo-se com a própria imagem. Isso significa ingressar em uma experiência mais tridimensional da manifestação. Em vez de escrever uma afirmação (primeira dimensão) ou ver o carro separado de você (segunda dimensão), você avança para uma experiência quase holográfica de já desfrutar o carro no momento presente, como se ele fosse real neste exato momento. Isso é se aproximar da terceira dimensão – a realidade física que todos compartilhamos enquanto seres humanos – e tornar o desejo o mais concreto possível. Isso é melhor, mas não o melhor possível. Obviamente, as três abordagens funcionam, porém com limitações.

- ▶ Escrever afirmações é desinteressante e unidimensional e, por isso, tem pouco potencial para criar mudanças (embora tenha algum). Você precisa escrever muitas afirmações para substituir os programas existentes na sua mente.
- ▶ Visualizar o que você deseja, seja um carro novo ou muita riqueza, é um passo em direção à segunda dimensão porque dá vida na sua mente ao que você quer. Essa abordagem confere ao seu desejo mais forma, cor, profundidade e emoção, que são cruciais na segunda dimensão. No entanto, você ainda está limitado pelo que acredita ser possível.
- ▶ A visualização interativa da terceira dimensão é muito semelhante à sua experiência do dia a dia: parece real. Desse modo, imaginar que o que você deseja já está concretizado, e que é tão real que poderia passar por realidade, acelerará

seus resultados. Mas, de novo, até mesmo essa dimensão está funcionando dentro daquilo que você acredita atualmente (embora, provavelmente, sem saber).

Como você pode deixar todas as limitações, todas as convicções limitantes, todos os *mindsets* limitados, e entrar em um mundo no qual você sabe que qualquer coisa é possível e pode se manifestar a partir do lugar de todas as possibilidades?
Entre na quarta dimensão.
Comecei a considerar a ideia de uma quarta dimensão da realidade há quase uma década, depois de ler um livro de Neville Goddard, publicado em 1949, *Out of this World*. Um capítulo desse livro chama-se "Thinking Fourth-Dimensionally" [Pensando quadridimensionalmente].
Eis um trecho do capítulo:

Eis uma técnica que torna fácil encontrar os eventos antes que eles ocorram, de "chamar coisas que não são vistas como se fossem vistas" [Romanos 4,17]. As pessoas têm o hábito de não dar importância às coisas simples; no entanto, esta simples fórmula para mudar o futuro foi descoberta após anos de pesquisas e experimentação.

O primeiro passo para mudar o futuro é o desejo – em outras palavras: defina seu objetivo e saiba claramente o que você quer. Segundo: construa um evento que você acredita que encontraria depois da realização do seu desejo – um evento que implique a realização do seu desejo, algo no qual a ação do eu prevalecerá.

Terceiro: imobilize o corpo físico e induza um estado semelhante ao sono – deite-se na cama ou relaxe em uma cadeira, imaginando que você está sonolento; em seguida, com as pálpebras fechadas e a atenção concentrada na ação que você pretende vivenciar – na imaginação – sinta-se mentalmente dentro da ação proposta – imaginando o tempo todo que está efetivamente praticando a ação neste exato momento. Você precisa sempre participar da ação imaginária e não apenas ficar afastado e observá-la, sentindo que está efetivamente praticando a ação para que a sensação imaginária seja real para você.

É importante sempre se lembrar de que a ação proposta precisa ser uma ação que se siga à realização do seu desejo; além disso, você precisa se sentir dentro da ação até que ela tenha toda a nitidez e clareza da realidade.

Por exemplo: suponha que você desejasse uma promoção no escritório onde trabalha. Ser parabenizado seria um evento que você encontraria depois da realização do seu desejo. Tendo selecionado essa ação como aquela que você vivenciará na imaginação, imobilize o corpo físico e induza um estado semelhante ao sono – um estado de sonolência – mas um estado no qual você ainda é capaz de controlar a orientação dos seus pensamentos – um estado no qual você está atento sem fazer esforço. Agora, imagine que um amigo está diante de você. Coloque sua mão imaginária junto à dele. Primeiro sinta-a como sendo sólida e real e depois tenha uma conversa imaginária com ele que se harmonize com a ação. Não se visualize a distância, em algum ponto do espaço ou do tempo sendo parabenizado pela sua boa sorte. Em vez disso, torne o outro lugar aqui e o futuro agora. O evento futuro é uma realidade agora em um mundo dimensionalmente maior; e, por estranho que pareça, o agora em um mundo dimensionalmente maior equivale ao aqui no espaço tridimensional comum da vida do dia a dia.

A diferença entre se sentir agindo, aqui e agora, e visualizar a si mesmo em ação, como se você estivesse olhando para uma tela de cinema, é a diferença entre o sucesso e o fracasso.

A diferença será reconhecida se você se visualizar agora subindo uma escada. Em seguida, com as pálpebras fechadas, imagine que você está bem diante de uma escada e sinta que está efetivamente subindo os degraus dela.

Neville está explicando uma maneira de criarmos uma realidade tridimensional (aquela na qual vivemos) a partir de uma experiência quadridimensional (aquela de onde vêm as ideias). Ele estava no caminho certo, mas não conseguia enunciar ou detalhar o processo com clareza suficiente para ajudar a maioria das pessoas. Além disso, ele não era hipnotista ou *coach*. Ele era um místico.

Neville tampouco foi o primeiro a falar a respeito da quarta dimensão. Em 1916, Claude Bragdon escreveu um livro chamado *Four-Dimensional Vistas*. Na edição que eu tenho, de 1925, ele tenta descrever essa nova dimensão da seguinte maneira: "Nosso espaço não pode contê-la, porque ela não contém nenhum espaço. Nenhum muro nos separa desse domínio, nem mesmo os muros da nossa prisão corpórea; no entanto, não podemos entrar, embora já estejamos 'lá'. Ela é o lugar dos sonhos, dos mortos-vivos; ela está At the Back of the North Wind e Behind the Looking Glass".*

Além do livro pioneiro de Bragdon, vários trabalhos de matemática e física teórica descrevem a quarta dimensão. E não vamos nos esquecer dos autores de ficção científica. Há Rod Serling e sua quinta dimensão, que ele chamava de *The Twilight Zone* [Além da Imaginação], que era geralmente mais assustadora do que esclarecedora. Ele nos proporcionou bons filmes para a televisão, mas também apontou para outro mundo dentro deste.

O que eu fiz foi pegar a semente de uma ideia, que Neville apresentou em 1949, e transformá-la no Processo de Transformação da Riqueza.

Agora, vou descrever como esse processo funciona, usando o Gullwing modelo 1955 como exemplo:

Uma abordagem unidimensional seria escrever uma afirmação deste tipo: "Sou dono daquele Mercedes Gullwing SL300" ou algo

---

* *At the Back of the North Wind* é um livro infantil de George MacDonald publicado em 1871. *Behind the Looking Glass* deve ser uma menção ao livro de Lewis Carroll, *Through the Looking Glass* (publicado no Brasil com o título *Alice no País do Espelho* ou *Alice Através do Espelho*). (N. dos Trad.)

melhor. Sempre uso a ressalva: "Tal coisa ou algo melhor", para permitir a possibilidade de um resultado melhor do que o que a minha mente consegue imaginar atualmente. Eu teria que escrever essa frase quinhentas vezes por dia, todos os dias, durante sabe-se lá quanto tempo para que ela afetasse minimamente meu inconsciente. Ela é insípida demais como método de manifestação rápida.

Uma abordagem bidimensional seria visualizar o carro. Eu estaria pelo menos adicionando profundidade e extensão ao desejo, o que ajuda a dar vida a ele, pelo menos mentalmente. Como o subconsciente reage às imagens, trata-se de um passo na direção certa. Mas eu poderia olhar para a imagem todos os dias, durante meses ou anos, e nunca atrair o carro propriamente dito. Isso não basta.

Uma abordagem tridimensional seria me imaginar dirigindo o carro, sendo dono do carro, estacionando o carro, segurando as chaves do carro, tirando fotos do carro e assim por diante. Como isso adiciona a minha pessoa ativamente às imagens, faria com que o pedido entrasse mais depressa nas profundezas da minha mente.

Mas uma abordagem quadridimensional seria imaginar que eu vivo em um mundo sem limites, sem convicções, sem restrições – onde qualquer coisa é possível porque esse mundo detém a vastidão do tempo e do espaço. Essa esfera aberta de possibilidades é para onde eu iria ao induzir um transe – ou ao ser guiado por um hipnotista ou um *coach* – e ao fingir que estou agora no mundo dos sonhos que precede este mundo concreto. Estou no Quadro Branco (usando um termo dos meus livros, como *Limite Zero*) de todos os inícios.

Nessa quarta dimensão, eu simplesmente permitiria que o carro entrasse na minha vida. Não haveria desejo ou anseio; o carro seria meu pela própria natureza de qualquer coisa que existe nessa outra dimensão. Eu simplesmente permitiria a entrada dele, o aceitaria e o acolheria prazerosamente. Nenhum hábito. Nenhum apego. Nenhuma necessidade.

Embora este último passo possa parecer assombroso ou esotérico, existe um número suficiente de escolas de mistério e estudos metafísicos que afirmam que é aí que toda vida começa.

Obviamente, o Miracles Coaching®, a hipnose, as gravações de induções guiadas em áudio ou o The Remembering Process seriam grandes ferramentas para tornar essa quarta dimensão mais acessível. Afinal de contas, as pessoas ainda podem entrar na sua versão da quarta dimensão e mesmo assim ter limites/convicções/bloqueios que as impedem de criar de uma maneira ilimitada. Elas podem ainda estar vendo a realidade através do filtro das suas convicções inconscientes. É por isso que eu acredito que ter um *Coach* de Milagres ou trabalhar com um hipnotista capacitado ainda será necessário para a maioria das pessoas (nota: Mathew Dixon e eu criamos Música para a Quarta Dimensão para acompanhar qualquer hipnose/*coaching*/recordação que qualquer pessoa possa usar para entrar na quarta dimensão. Consulte www.TheFourthDimensionMusic.com).

Esse processo funciona? Prepare-se. Eis o que aconteceu um dia depois (!) de eu ter utilizado esse processo da quarta dimensão naquele Mercedes Gullwing original modelo 1955:

Primeiro, senti que deveria descobrir quanto custava o carro clássico que estava à venda. O site não mostrava o preço. Telefonei, falei com o dono e fui informado de que esse carro impecável e colecionável específico poderia ser vendido por apenas 1.950.000 dólares. Agradeci e desliguei. Não fiquei desanimado, já que estava apenas obtendo informações. Simplesmente registrei a informação na minha mente e pensei: "Eu me pergunto de onde virá o dinheiro" e "Este carro ou algo melhor".

Na manhã seguinte, senti vontade de verificar se havia algum Gullwing em oferta no eBay. Encontrei várias miniaturas do carro e fiz uma oferta em uma delas. Calculei que ter uma versão em pequena escala do carro que eu queria me ajudaria a experimentá-lo de uma maneira mais tridimensional: ele teria forma, contornos, linhas e assim por diante. Eu poderia segurá-lo e imaginar o carro de verdade.

Ainda no site do eBay, reparei que havia um Gullwing em oferta. Fiquei surpreso. A Mercedes fabricou Gullwings modernos ao longo dos anos, e dirigi um deles há vários anos, mas não gostei do carro de maneira geral nem da sua potência. Mas esse carro no eBay era uma réplica, construída em 2007. O carro tinha a aparência exata de um Mercedes 300SL modelo 1955. Na verdade, o Gullwing tinha sido fabricado à mão, e seu motor e o câmbio eram da Chevrolet, para reproduzir o original.

Fiquei imediatamente interessado pelo carro, sobretudo porque o veículo original não tinha ar-condicionado, mas essa réplica tinha (encontrei um vídeo interessante de pessoas dirigindo carros Gullwing originais na estrada com as portas completamente abertas, tentando captar algum vento). Havia também o valor adicional de ter um carro mais novo, que qualquer revendedor da GM poderia consertar e com peças mais fáceis de serem substituídas.

Reconheci imediatamente essa oferta como uma oportunidade de "Isto ou algo melhor". Enviei um e-mail para o vendedor e pedi informações sobre o carro. Ele me respondeu rapidamente, e suas respostas me deixaram ainda mais empolgado. Decidi oferecer um lance no carro.

Fiquei um pouco preocupado com a possibilidade de o leilão ficar fora de controle, como acontece muitas vezes nos leilões, quando os lances disparam e ultrapassam a quantia que o carro de fato vale. No entanto, logo me lembrei de que, na quarta dimensão, não existem limites de tempo ou espaço. Eu simplesmente iria possuir o carro e me esquecer completamente de como o consegui. Sendo assim, abandonei minhas preocupações.

Foi quando o vendedor voltou a entrar em contato comigo. Ele já tinha muitas ofertas (mais de 100, do mundo inteiro) pelo carro, mas disse que se eu pagasse um pouquinho menos do que o preço mínimo que ele estipulara, ele encerraria o leilão e venderia o carro para mim imediatamente. Ele não teria que esperar dias pelo dinheiro, ficar se perguntando por quanto o carro seria vendido ou para onde ele iria. Ele teria tudo resolvido e eu teria o carro. Um ganho mútuo.

O carro, novo, estava sendo vendido por 180 mil dólares. Apenas uma dúzia de carros iguais a ele tinha sido fabricada. O da eBay ainda estava imaculado, funcionava perfeitamente e tinha pouco mais de

1.000 quilômetros rodados. Na minha cabeça, eu já decidira que o queria, mas que não pagaria mais de 100 mil dólares por ele. O vendedor queria 89 mil dólares. Ofereci 80 mil. Ele aceitou.

O carro está sendo enviado para mim agora. Daqui a uma semana serei dono dele – depois de ter usado o processo da quarta dimensão há apenas 24 horas!

Tudo isso aconteceu tão rápido, e com tanta facilidade, que ainda estou abalado (no bom sentido) e processando a experiência.

E lembre-se: havia mais de uma década que eu desejava o carro, eu o mantivera em um quadro de visualização durante quase dois anos, sonhara com ele e falara a respeito dele, mas efetivamente só consegui atraí-lo 24 horas depois de usar o processo da quarta dimensão uma única vez. (!)

Como escrevi no início, este relato é minha primeira explicação do processo da quarta dimensão. Estou empolgado porque funciona. Uma vez mais, acredito que ele detenha a chave mágica para um novo mundo de milagrosas possibilidades para as pessoas porque qualquer coisa é realmente possível na quarta dimensão.

Meu Gullwing é a prova. O único problema agora é que eu preciso encontrar um lugar para estacionar mais um carro.

Dentro do Credo

Ao longo do manifesto, você encontrou os princípios básicos do milionário desperto: "O Credo do Milionário Desperto."

O Credo está na essência de tudo o que você faz como milionário desperto. Cada ação que pratica, cada orientação intuitiva que segue, cada intenção que estabelece e cada decisão que você toma definem o credo. Sua paixão, seu propósito e sua missão estão em um perfeito alinhamento com o Credo. Ele é a base de toda a sua jornada. E, apesar do fato de que sua expressão do milionário desperto será única, todos usamos esse Credo para nos guiar e para nos unir.

Sendo assim, é importante que você compreenda o que é cada elemento do Credo, o que ele representa e como convertê-lo em realidade.

Os milionários despertos são movidos antes de qualquer coisa por sua paixão, seu propósito e sua missão

Não existe um milionário desperto sem paixão, propósito e missão. Essas são, e sempre serão, suas fontes de direção, força e luz. Se você se fixar profundamente dentro da sua paixão, do seu propósito e da sua missão, nunca se desviará do seu caminho. Ele está voltado para o norte, devido à sua bússola interior.

Enquanto viajava comigo por este manifesto, você vivenciou aspectos e oportunidades emocionantes que aguardavam por você. Talvez seja a emoção de um relacionamento transformado com o dinheiro. Talvez seja a ativação do poder fundamental da sua intuição. Talvez seja a ideia do dinheiro trabalhando junto com a alma em harmonia, para levar você e sua missão a alcançarem todo seu potencial de repercussão.

No entanto, a menos que sua missão esteja absolutamente clara para você, que você seja guiado por sua paixão e que esteja ancorado no seu propósito, você perambulará sem rumo ao longo dessa aventura. Essa não é uma opção.

Sua paixão é a ressonância da sua alma, a imensa atração que guia seu coração e o confeito da sua imaginação. A sua paixão está onde você encontra seus maiores amores na vida. A sua paixão está onde você gastaria todo seu tempo e seu dinheiro se nada o impedisse de fazê-lo. Encontre sua paixão e não a deixe sair de perto de você.

Seu propósito é a expressão da sua paixão no mundo real. É como você coloca sua paixão em ação. Como você encontra seu propósito? Você escuta profundamente o chamado da sua alma. Você não pode forçá-lo. Não pode esculpi-lo com seu intelecto. Você precisa encontrar o ponto interior de pura ressonância que fala ao seu sentimento. E enquanto você não encontra esse propósito, a expressão da sua paixão, você não avança. Em vez disso, você se volta para dentro, abre os ouvidos da sua alma e procura ouvir a voz que indica o caminho que você deve seguir. Você a encontrará se ela ainda não estiver óbvia. Permaneça paciente e vigilante, pois todos temos um propósito crescendo dentro de nós. Precisamos simplesmente permanecer abertos.

Junte sua paixão com seu propósito e terá sua missão como milionário desperto. Ela se torna sua base inabalável. A vida nos faz passar por muitas reviravoltas. Mas você espalhou suas raízes com sua missão e será capaz de se curvar com o vento sem perder a base. Talvez sua missão esteja evidente em tudo o que você faz. Talvez ela seja simplesmente uma visão que só você precisa conhecer. Mas, independentemente do que seja, sua missão pode ser vista em tudo o que você faz.

Encontre sua paixão. Encontre seu propósito. Encontre sua missão. Este é o caminho do milionário desperto.

O milionário desperto usa o dinheiro como um instrumento nobre para causar um impacto positivo

O milionário desperto caminha com um relacionamento transformado com o dinheiro. Não existe aqui nenhuma zona cinzenta. Não existem dúvidas a respeito da natureza neutra do dinheiro. A ideia de você ser controlado pelo dinheiro está distante. Esse é o antigo você.

O dinheiro está agora à sua disposição para que você expresse sua missão e dirija as intenções da sua alma. Você o preenche com sua vocação, com seu propósito nobre, e deixa que ele apoie sua missão. Você sempre o utiliza como um instrumento para criar algum impacto neste mundo. Você só pode se tornar um milionário desperto que faz a diferença no mundo ao seu redor por meio desse relacionamento evoluído com o dinheiro.

Não há nada errado com você apreciar o luxo que o dinheiro lhe proporciona. Este não é um chamado para que você doe todo o seu dinheiro. Não é um chamado para que viva como um asceta. Aproveite os benefícios do dinheiro. Desfrute os prazeres do luxo. Regale-se com as recompensas que o dinheiro pode lhe trazer.

Mas nunca perca de vista o supremo propósito do dinheiro: ajudar a converter sua missão em um impacto que o mundo sentirá por muitas gerações.

O milionário desperto é obstinadamente empoderado e acredita plenamente em si mesmo

Você é um exemplo brilhante de poder para todos que encontra. Em um mundo que sofre com a mentalidade da vitimização, você transcendeu essas antigas restrições e alcançou o verdadeiro empoderamento. Você reivindicou a responsabilidade sobre sua vida, em todos os aspectos. Você compreende que a natureza fundamental do empoderamento não é tentar controlar tudo que acontece com você. Você compreende que a natureza fundamental do empoderamento é assumir a responsabilidade pela maneira como você reage a cada situação que encontra, a cada desafio que enfrenta e a cada obstáculo que se ergue diante de você.

Carregue essa tocha de empoderamento e você acreditará naturalmente em si mesmo. Essas duas coisas caminham de mãos dadas. Você não pode ser empoderado sem acreditar em si mesmo, pois o empoderamento é acompanhado por uma simples compreensão: não importa o que você enfrente, você está pronto, disposto e é absolutamente capaz de lidar com tudo e com todos, por mais desafiante ou monumental que seja a situação.

O milionário desperto está empenhado em crescer, melhorar, reinventar e sempre descobrir

Você entende perfeitamente que não há estagnação na vida de um milionário desperto. Tornar-se um milionário desperto não é um ponto fixo que você alcança. Tornar-se um milionário desperto é um espaço, um *mindset* e um fluxo que está constantemente se transformando com os caprichos da vida. Se você ficar parado e se recusar a mudar, voltará a um estilo de vida estagnado, e sua missão sofrerá.

É por esse motivo que você está continuamente, agora e sempre, comprometido com o crescimento. Está empenhado em se pressionar para aprender novas habilidades, melhorar seus talentos, reinventar-se como uma alma em perpétua evolução e descobrir os tesouros ocultos da vida que você só encontra quando abraça o espírito da aventura. Você nunca está estagnado. Você está sempre crescendo.

O milionário desperto é inabalavelmente audacioso, corre riscos e não hesita

Enquanto outros se acovardam diante da ideia do risco e da ação corajosa, você os abraça com todos os aspectos do seu ser. Onde outros sentem medo, você sente alegria e vê aventura. Você é audacioso. Você é sempre audacioso. Você viceja na ação audaciosa.

Você corre riscos porque compreende que essa é a única maneira de descobrir novas oportunidades. Você corre riscos porque entende que aquilo que os outros chamam de fracasso na verdade é um simples *feedback* e uma oportunidade para o crescimento. Você não sente medo diante da ideia do fracasso. Você a abraça. Você personifica esse destemor.

Como resultado, você nunca hesita. Você pode diminuir o ritmo para avaliar suas opções, mas nunca hesita por sentir medo. Você é destemido. Você é audacioso. Você entende que a ação decisiva só encerra recompensas, porque o fracasso não é mais uma realidade. Só existe crescimento.

O milionário desperto é guiado pela intensa ressonância da sua intuição

Enquanto outros sofrem com a indecisão, você flui suavemente ao longo da sua aventura, passo a passo. Enquanto outros vivem a paralisia da análise excessiva, você está equipado com a arma secreta do milionário desperto: a intuição.

A intuição é um conduto direto para seu nobre propósito. É uma expressão da sua natureza divina. Ela percebe o que deve ser feito de forma mais rápida e completa do que a sua mente lógica e consciente jamais conseguiria compreender. Ela é a base da sua tomada de decisões.

Enquanto outros se maravilham diante da sua capacidade de escolher o melhor caminho para a sua jornada, você compreende que está na verdade trilhando o caminho mais fácil. Você está simplesmente confiando na sua intuição, porque ela sempre o levará aonde você precisa ir, mesmo que sua mente consciente não consiga entender os motivos. Você tem total confiança na sua intuição, de modo que nunca vacila.

O milionário desperto sabe que a riqueza é o conjunto de tudo o que ele tem, não apenas o dinheiro

Você, enquanto milionário desperto, é a personificação da riqueza. Você entende que a riqueza é o conjunto daquilo que você tem, não apenas seu dinheiro. Se você perder todo o dinheiro que tem, mesmo assim continuará a ser rico. Nessa interpretação da riqueza, você encontra o arsenal completo de ferramentas à sua disposição. De fato, o dinheiro lhe confere um grande poder para causar um impacto. Ele pode ser uma ferramenta nobre e poderosa para realizar sua missão. Mas ele é apenas uma ferramenta entre muitas.

Sua riqueza é formada pelas suas habilidades, seus talentos, sua paixão, seu propósito, sua missão, sua flexibilidade, seus recursos, seus círculos sociais, seu apoio e seu poder pessoal.

Quando você ascende como um milionário desperto, você sempre eleva simultaneamente sua riqueza.

O milionário desperto sente uma profunda gratidão por tudo que tem e que conquista

O milionário desperto não aceita nada como algo corriqueiro. Você entende que todos os aspectos da sua vida, do seu sucesso e do seu caminho são dádivas e você irradia essa gratidão em tudo o que faz. A gratidão não é apenas o modo evoluído de viver – é um instrumento poderoso nas mãos do milionário desperto. As outras pessoas são atraídas na direção da expressão da gratidão. Ela é um ímã para as pessoas que irão apoiá-lo, ajudarão a promovê-lo e, em última análise, o levarão para a frente.

A gratidão está sempre presente no seu íntimo e é sua constante companheira. A vida é preciosa. Sua riqueza é preciosa. Sua missão é preciosa – e você nunca se esquece disso.

O milionário desperto está permanentemente conectado à abundância universal

O milionário desperto nunca acha que não há o suficiente. Você percebe que todos os dias existem no seu caminho oportunidades para atrair uma próspera abundância para sua vida. Há trilhões de dólares em circulação neste momento. Não há escassez.

Você se torna mestre em utilizar essa abundância universal. A abundância o segue aonde quer que você vá. Você não é uma pessoa que conhece muitos truques para atrair a abundância. Você não busca atalhos ou "jeitinhos". Você simplesmente está em contato, permanentemente conectado à impressionante abundância disponível a todos nós.

O milionário desperto é generoso, ético e se concentra no bem dos outros

O milionário desperto nunca é egoísta, egocêntrico ou ganancioso. Todas suas iniciativas pessoais e empresariais estão radicadas em sólidos princípios éticos e focadas no bem dos outros. Você não pensa em se aproveitar de situações. Você não pensa primeiro em si mesmo e depois no bem-estar dos outros. Sua generosidade e seu espírito doador emanam de você, irradiando-se para que todos vejam.

Ao mesmo tempo, você entende que essa filosofia de ação, radicada no aperfeiçoamento das outras pessoas, é na verdade um dos segredos da abundância em si. Aqueles que permanecem imobilizados em um ciclo de ganância e interesse pessoal estão cegos para o fato de que, embora possam ter conquistas a curto prazo, nunca alcançarão o nível de sucesso e realização disponíveis para aqueles radicados na generosidade e na ação ética.

O milionário desperto promove o ganha-ganha-ganha

O relacionamento ganha-ganha é uma evolução da perspectiva da ganância com relação ao ganho, mas o milionário desperto sempre se esforça para ir além. Você defende o relacionamento ganha-ganha-ganha: você ganha, seu parceiro ou cliente ganha e o mundo ao seu redor também ganha com o resultado disso.

O relacionamento ganha-ganha-ganha é uma expressão de entendimento a respeito da interconexão inerente ao mundo. Cada aspecto das nossas ações se propaga e afeta tudo no nosso caminho. Desse modo, não apenas somos responsáveis pelo efeito das nossas ações, como também compreendemos que nessa ordem natural existe a oportunidade de expandir nosso impacto e fazer uma grande diferença.

O milionário desperto sempre pergunta: "Quantas pessoas podem ganhar com esta decisão? Como posso multiplicar o impacto que posso causar?".

O milionário desperto compartilha nobremente seus talentos empreendedores

O milionário desperto é o empreendedor. É assim que você transforma sua paixão em lucro e sua missão em dinheiro pleno de alma. Ao mesmo tempo, o milionário desperto injeta propósito e missão nobres em todos os seus empreendimentos. Seu negócio é uma expressão da sua alma. Seus produtos ou serviços são uma expressão da sua missão. Não existe nenhuma lacuna entre quem você é e o que você oferece aos clientes que atende. Não há separação.

Seu negócio é uma extensão de você. Ele o representa. Você sempre respeita o poder que você tem como empreendedor e trata cada decisão de negócios com a seriedade apropriada.

O milionário desperto lidera pelo exemplo como o catalisador para a transformação dos outros

Não importa qual seja sua missão individual, a transformação dos outros é uma missão encontrada em todos os milionários despertos. Você lidera pelo exemplo. Na essência disso, há um entendimento: quanto mais pessoas seguirem o "Credo do Milionário Desperto", quanto maior o número de pessoas que estiverem empenhadas em fazer a diferença, em elevar a si mesmas e o seu relacionamento com o dinheiro, em defender a transcendência de todas as almas... maior será o benefício para todos, maior a nossa transformação, maior será a possibilidade de nos tornarmos guias radiantes de uma nobre existência.

Você entende que vivemos em um mundo que está em dificuldades. Seja o sofrimento das pessoas, a injustiça, a pobreza, a doença ou o meio ambiente à beira do desastre, você sabe que precisamos de todos no convés. Você sabe que cada pessoa que você atrai para viver de acordo com esse credo é mais uma pessoa empoderada e empenhada em nos ajudar a melhorar nossa posição na vida.

Você não prega, não tenta convencer ninguém, você lidera pelo exemplo. Os outros o observarão, aprenderão, refletirão e se sentirão inspirados.

Seu Próximo Passo

Você agora tem a base do milionário desperto à sua disposição. Você entende as oportunidades que o aguardam. Você entende o poder do "Credo do Milionário Desperto". Entende o novo relacionamento com o dinheiro que está esperando por você... e o que isso pode significar para o seu impacto no mundo. Você entende como foi impotente ao se deixar ser capturado no *mindset* de vitimização e como pode se tornar poderoso ao assumir a responsabilidade por todas as suas ações. Você entende como é moldado por sua paixão, seu propósito e sua missão. Entende como o milionário desperto aborda o empreendedorismo. Entende o caminho fundamental para transformar sua paixão em lucro. Mas e agora?

Como você dá o próximo passo para se transformar no milionário desperto?

Qual é o próximo passo que irá transformar este manifesto no novo despertar que você está buscando?

Há um caminho prático diante de você.

Criei a Academia do Milionário Desperto para lhe apresentar os passos exatos necessários para que você se transforme de forma definitiva no milionário desperto. Essa abordagem avançada e gradual não deixa margem a dúvidas e oferece as habilidades e o conhecimento de que você precisa. Ela indica o passo seguinte e mostra as oito leis que transformam o dinheiro em um instrumento supremo e nobre. Ela apresenta os quatro passos para o despertar e explica como você deve pensar, agir e que passos deve dar. Mostra como realizar seus sonhos empreendedores e os passos práticos para transformar sua paixão em lucro. Mostra tudo o que você precisa para promover, acelerar e efetivar sua transformação e, na condição de um dos donos do manifesto, você obtém um acesso sem precedentes, que mais ninguém tem.

Tudo isso está esperando por você aqui:
www.awakenedmillionaireacademy.com/begin

Obrigado por empreender esta jornada comigo. Espero que una-se a mim em breve. Juntos, podemos transformar o mundo.

Com amor,
Joe.

P.S. Também o convido a dar uma olhada em Miracles Coaching®, em www.MiraclesCoaching.com.

Referências

Awakened Millionaire	www.awakenedmillionaireacademy.com
Dr. Joe Vitale	www.JoeVitale.com
Miracles Coaching®	www.MiraclesCoaching.com
Música da Quarta Dimensão	www.TheFourthDimensionMusic.com
Hypnotic Gold	www.HypnoticGold.com
Twitter do Dr. Vitale:	https://twitter.com/mrfire
Facebook do Dr. Vitale:	https://www.facebook.com/drjoevitale
Blog do Dr. Vitale:	http://blog.mrfire.com/
Música de autoajuda	www.allhealingmusic.com
Statbrook	http://statbrook.com/wp/
Mandamentos paradoxais	www.paradoxicalcommandments.com/
Meditação em grupo	www.worldpeacegroup.org/world_peace_through_meditation.html
Prece secreta	www.thesecretprayer.com

Bibliografia

Audlin, Mindy. *What If It All Goes Right?* Nova York: Morgan James, 2010.

Barton, Bruce. *The Man Nobody Knows.* Nova York: Bobbs-Merrill, 1925.

_____. *What Can a Man Believe?* Nova York: Bobbs-Merrill, 1927.

Bowen, Will. *A Complaint-Free World.* Nova York: Harmony, 2013.

Bragdon, Claude. *Four-Dimensional Vistas.* Nova York: Knopf, 1925.

Breuning, Loretta. *Beyond Cynical.* São Francisco: Inner Mammal Institute, 2013.

Bristol, Calude. *The Magic of Believing.* Nova York: Pocket Books, 1948.

Carnegie, Dale. *How to Win Friends and Influence People.* Nova York: Simon & Schuster, 1936.

Carr, Allen. *Packing It In.* Nova York: Penguin, 2005.

Dixon, Mathew. *Attracting for Others.* New Braunfels, TX: Zero Limits, 2012.

Ebeling, Mick. *Not Impossible.* Nova York, Atira Books, 2015.

Ford, Debbie. *The Dark Side of the Light Chasers.* Nova York: Penguin, 1999.

Fox, Emmet. *The Mental Equivalent.* Life Summit, MO: Unity, 1932.

Gage, Randy. *Risky Is the New Safe.* Hoboken, NJ: John Wiley & Sons, 2012.

Goddard, Neville. *Out of This World: Thinking Fourth-Dimensionally.* Eastford, CT: Martino Books, 2010.

_____. *Neville Goddard Lecture Series*. 12 volumes. Albuquerque, NM: Audio Enlightenment Press, 2014.

_____. *The Neville Reader*. Camarillo, CA: DeVorss, 2005.

Keith, Kent. *Anyway: The Paradoxical Commandments*. Nova York: Putnam, 2001.

Larson, Christian D. *Your Forces and How to Use Them*. Londres, Reino Unido: L. N. Fowler, 1912.

Patent, Arnold. *Money*. Kansas City, MO: Celebration Publishing, 2005.

Pilzer, Paul Zane. *The Next Millionaires*. Nova York: Momentum Media, 2006.

Landrum, Gene. *The Superman Syndrome*. Nashville, TN: iUniverse, 2005.

Lapin, Rabbi Daniel. *Thou Shall Prosper*. Hoboken, NJ: John Wiley & Sons, 2009.

Maltz, Maxwell. *Psycho-Cybernetics*. Nova York: Pocket Books, 1989.

McLaughlin, Corinne e Gordon Davidson. *The Practical Visionary*. Minneapolis, MN: Unity, 2010.

Vitale, Joe. *The Awakening Course*. Hoboken, NJ: John Wiley, 2016.

_____. *Attract Money Now*. Austin, TX: Hypnotic Marketing, 2009.

_____. *The Attractor Factor*. Hoboken, NJ: John Wiley & Sons, 2006. [*Criando Riqueza e Prosperidade*, publicado pela Editora Cultrix, São Paulo.] (fora de catálogo)

_____. *Life's Missing Instruction Manual*. Hoboken, NJ: John Wiley & Sons, 2006.

_____. *Miracles Manual*. 3 volumes. Grátis (em inglês) em www.miraclesmanual.com.

_____. *There's a Customer Born Every Minute*. Hoboken, NJ: John Wiley & Sons, 2006.

_____. *The Secret Prayer*. Austin, TX: CreateSpace, 2015.

_____. *The Secret to Attracting Money*. Curso em áudio. Chicago: Nightingale-Conant, 2008.

_____. *The Seven Lost Secrets of Success*. Hoboken, NJ: John Wiley, 2007.

_____. *Zen and the Art of Writing*. San Diego: Westcliff Publications, 1984.

Vitale, Joe e Barrett, Daniel. *The Remembering Process*. San Diego, CA: Hay House, 2014.

Wattles, Wallace. *Financial Success Through Creative Thought or The Science of Getting Rich*. Holyoke, MA: Elizabeth Towne, 1915.

Young, Vash. *A Fortune to Share*. Nova York: Bobbs-Merrill, 1931.

GRUPO EDITORIAL PENSAMENTO

O Grupo Editorial Pensamento é formado por quatro selos:
Pensamento, Cultrix, Seoman e Jangada.

Para saber mais sobre os títulos e autores do Grupo
visite o site: www.grupopensamento.com.br

Acompanhe também nossas redes sociais e fique por dentro dos próximos lançamentos, conteúdos exclusivos, eventos, promoções e sorteios.

editoracultrix
editorajangada
editoraseoman
grupoeditorialpensamento

Em caso de dúvidas, estamos prontos para ajudar:
atendimento@grupopensamento.com.br